娓娓道来

曾伟强 著

高效项目管理100法

100 Approaches to Effective Project Management

中国电力出版社
CHINA ELECTRIC POWER PRESS

内容提要

本书以项目管理十大领域为出发点，对每个领域所涉及的突出问题、核心知识点进行深入浅出的剖析，提供了有效且实用的方法技巧，极易转化为实战。

本书的100个方法，每一个都经过精心提炼，并辅以图文并茂的项目管理情景故事，语言浅显易懂，大大提高了书的可阅读性。

本书的编写不基于某个行业，具有很强的适用性，无论是项目管理新人，还是项目专员、产品经理、项目经理、项目总监，都可以从中受益。

图书在版编目（CIP）数据

娓娓道来：高效项目管理100法 / 曾伟强著. —北京：中国电力出版社，2020.12（2024.5重印）

ISBN 978-7-5198-5110-1

Ⅰ. ①娓…　Ⅱ. ①曾…　Ⅲ. ①项目管理　Ⅳ. ① F224.5

中国版本图书馆CIP数据核字（2020）第205332号

出版发行：中国电力出版社
地　　址：北京市东城区北京站西街19号（邮政编码100005）
网　　址：http://www. cepp.sgcc.com.cn
责任编辑：李　静（1103194425@qq.com）
责任校对：黄　蓓　常燕昆
装帧设计：九五互通　知行兆远
责任印制：钱兴根

印　刷：中国电力出版社有限公司
版　次：2020年12月第一版
印　次：2024年5月北京第三次印刷
开　本：710毫米 ×1000毫米　16开本
印　张：13
字　数：155千字
定　价：58.00元

推荐序一

“在当今社会中，一切都是项目，一切也将成为项目”，这句话诠释了当今很多工作都将项目化的趋势。如今各行各业兴起大力学习、应用项目管理的热潮，无论是高校项目管理专业的开办，项目管理相关培训机构的蓬勃发展，还是各类大小项目的成功，都向世界展示了中国项目管理欣欣向荣的发展态势。

我们可以看到众多项目管理从业人员对这个专业的热爱，看到他们持续提高自身，不断地运用项目管理的知识、方法、技术、工具，为组织项目的成功做出了不懈努力，同时也在实践中积累了大量的经验和教训。所以近年来，不断有关于项目管理的论著问世。项目管理科学，本质上就是大量成功或失败项目的总结、归纳和提升。尤其当前，在我国史无前例的社会、生产项目实践中，奋战在一线的众多项目管理从业人员，他们的研究成果和著作，更是促进整个行业乃至整个中国发展的催化剂和瑰宝。

本书作者从事项目管理工作十六年，既是项目管理的实践者，又是项目管理的倡导者。书中总结的方法论和生动的小故事，深入浅出地将项目管理讲得清晰明白。

本书已经脱离某个行业，书中的项目管理方法适用于大部分项目管理场景。这是作者一点一滴积累起来的，通篇充分展示出作者对项目管理之热爱和用心之深。作者通过自己的深入思考，以一种积极向上、创新的精神，认真总结、编写。因此，读完整本书，我们能够以一个全新的视角来解读和学习项目管理。

PMI（中国）大奖评审委员会副主任、PMI认证OPM3咨询师

IPMA–A级国际项目管理特级经理

陈信祥

推荐序二

与曾伟强先生相识于2015年PMI[①]（中国）项目管理大奖评审时，对于他在项目管理方面所付出的努力和所取得的成就印象深刻并深感敬佩。

项目管理知识体系引入中国二十年，在各行各业得到了长足的应用发展，项目管理正成为许多企业，包括中国的世界五百强企业管理战略的重要组成部分。也正因为有这样良好的土壤，让很多企业当中的项目管理从业者开始研究项目管理，并结合本土化思考，逐步形成了自己的非常有实战意义的项目管理思维和方法论。

本书正是产生在这个大的背景环境下。作者通过阅读大量的项目管理书籍和文献，并结合自身对项目管理的理解，利用工作之余，经过五年多的沉心编写，将项目管理中一个个常见的问题，通过浅显易懂的描述，以接地气的项目管理方法论形式，提供给读者专业而有效的项目管理方法和思路。

本书的编写以项目管理的十大专业知识领域为出发点，每个知识领域都涉及该领域的核心知识点，每个知识点读完都可以立即转化为实际应用，会让人有豁然开朗、原来如此的感慨。

作者作为项目管理实践的推动者和项目管理培训师，书中的方法论和生动故事，也是众多项目从业者和项目经理培训的热点内容。本书每

① “Project Management Institute”的简称，即（美国）项目管理协会。

个知识点都尽可能控制篇幅，又尽量规避艰涩的专业术语，并辅以漫画图解，可阅读性很高。在当前工作生活节奏加快，竞争激烈的环境下，很值得一读。

清晖项目管理创始人

傅永康

推荐序三

项目管理作为先进的、新兴的管理模式，近几十年从理论到实践，不断深入、蓬勃发展、方兴未艾，越来越多的企业认识并感受到项目管理的优势、威力并从中越来越大地受益。项目管理相关的文献著作林林总总，但实用且成体系化的方法论好书还是比较缺乏。

项目管理实践性强，从每年的PMO[1]大会就可以看出，来自企业一线的演讲嘉宾非常受参会代表的欢迎和追捧。每届PMO大会，我们也力邀尽量多的在知名企业中卓有建树的项目管理精英，来大会做分享交流，这也得到大家的认同和好评。这些年随着我国企业项目管理应用实践的不断探索发展，取得了很大进步和可喜成就，如果将其中优秀的、成功的实践经验好好总结出来供大家学习借鉴，那一定是非常有价值和意义的。

当本书作者邀请我为这本著作写序时，虽然感觉自己学识、资历浅薄心有惶恐，但还是感幸应之。作者有在全球性知名企业的丰富工作经历，有着扎实的项目管理实战经验、PMO工作经验，书中更多的是作者在工作之余通过自身大量的学习、研究，得出的一套成体系的方法论。本书不仅从项目经理角度，也从PMO角度审视组织的项目管理，尤其提供了很多实用的方法给PMO专员，让我们能快速地解决从保姆到参谋的角色转变问题，例如作者提到的PMO通过推进组织项目管理文化来解决

① “Project Management Office”的简称，即项目管理办公室。

生存发展问题等。

全书以深入浅出、图文并茂的方式展现分享给项目管理从业人士，相信这是一本非常值得项目经理、PMO专员及对项目管理感兴趣的广大人士阅读的书籍。

PMO评论CEO、PMO大会总策划

周文武

自序

2019年盛夏，在友人的鼓励下，我决定开始将自己对项目管理的理解正式编撰成册。此前，我已经花了五年时间整理编制。

“项目管理”这四个字，伴我度过了十多年。从懵懂到入门，从入门到掌握，从掌握到熟练，对项目管理到底是出于内心的热爱，还是为了掌握一门生存的技能，已经说不清楚，或者已无所谓。

因为它，我了解了一个管理领域，也让我的思维变得更有逻辑性和节奏感；

因为它，我认识了很多朋友，他们有许多经验、许多品质值得我学习；

因为它，我走上了讲台，尽情享受传道授业的喜悦；

因为它，我将工作项目化，使得事情做得更有价值；

因为它，我……

这物欲横流、人心浮躁的社会，在我看来已经不缺乏激情和冲劲，真正缺乏的是坚持、自律、忍耐、宁静和思考，也是我为之努力的东西。

在项目管理上的修炼，是远远不足的，是无止境的。在这个知识爆炸的时代，项目管理的基本性质虽然没改变，但跨学科的需求已经来临，如何将其他学科与项目管理更好地结合，在我看来，是一个新的挑战。

项目管理在不断发展，从原来注重过程管理、监控、工具等能力，到现在越来越强调思维、方法论、软技能。

项目管理在中国的创新大环境下，已经越来越被重视和提升，虽然总难避免唯利益论的狭隘，但一些杰出的组织带头人，已经意识到了项目管理的作用和重要性。

总体来说，中国目前关于项目管理的认识，主要来源还是译著，纯粹的管理沉淀、自我学术成果、具备一定高度的实践论著还是偏少。

当然我们如果还在谈学习项目管理理论有没有用，其实和谈在大学里学习一些专业课理论知识有没有用，是一样幼稚的。在实践过程中，通过反复的实验来获取真理已经是过去时了，具备强大的理论知识支撑并结合实践，才是出路。

项目管理和所有管理一样，是润物细无声的。如果期待它像1+1=2那么的明显，只能说还不了解事理的本质，或者急功近利了。

何为虚，何为实，项目管理也是唯结果论的，虚实结合，虚虚实实，结果是好的就是实，结果是不好的就是虚，所以项目管理本身无虚实。项目管理活动无虚实，重点在于分析项目问题本质，在于结合项目环境采取行动。

项目管理是思维加工具，而首先获得思维的途径，就是学习专业的理论知识。很多时候，我们会发现，一个专业的行政人员，可以解决一个技术问题，可以发表一次成功的演讲，但只是让他组织一次跨团队的旅游，可能会表现得一团糟。

项目管理的厉害之处就在于其节点思维、相关方思维、协同思维、风险管理思维……本书重点阐述的正是项目管理的思维、方法论，而且将其最大限度地“干货”化，方便理解、阅读。

书中内容不基于任何行业、职业经验，是本人通过研读大量文章文献、专业知识进修及生活中的感悟，一点点地积累所得，可以说是一套方法论，即使拿到日常的生活、为人处世运用也可。

最后将本书献给自己已经过去的混沌人生，虽已过去，却是感慨万千。

感谢在项目管理道路上给予我帮助的人，尤其是陈信祥老师、傅永康老师、周文武老师、李静老师、王兴钊老师、李梦薇老师……

还有我可爱的当当小宝贝，是她给了我无限的动力和能量，她是我们家的小精灵，祝愿她一直开心，健康长大！

目录

1

认清项目范围，盯紧项目目标

用好工作分解结构

工作分解结构（Work Breakdown Structure，WBS）是进行工作分解最好的工具，它将项目分解为几个部分，清晰地列出项目的活动清单，是项目管理的重要工具，也是项目范围管理的基础。

对于大部分组织内部的项目来说，项目都具有相似性，一般不会重复进行工作分解，都是已形成较详细的任务分解，后续的项目直接参考即可。所以，有时我们会发现好像基本用不上这个工具，其实不然。

目前我们常用的分解方法为产品导向型和进度导向型。工作分解一般采用从粗到细的思路，分解方法有按项目的进度法，按照时间进程进行分解，称为进度导向型，如启动阶段、计划阶段、实施阶段、收尾阶段；还有按照架构方法进行分解，称为产品导向型，比如建个房子，可以按照大楼结构、大楼地面等进行分解。具体如图1-1、图1-2所示。

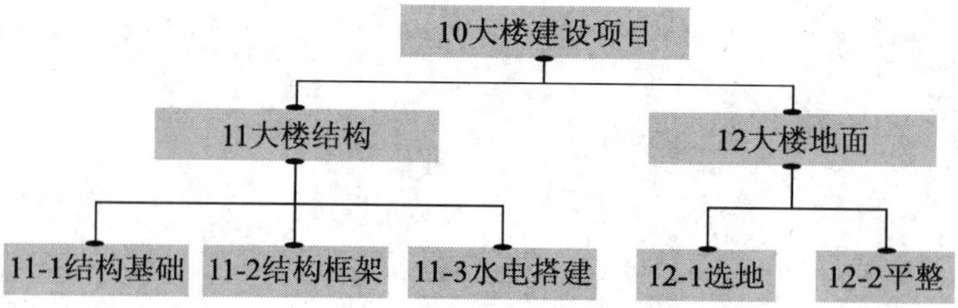

图1–1　产品导向型WBS

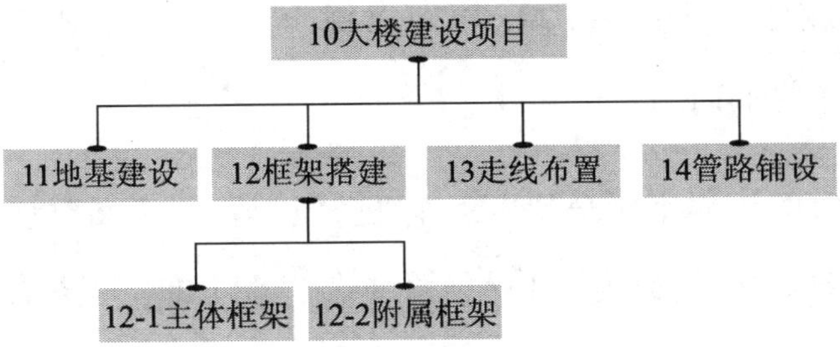

图1-2 进度导向型WBS

工作分解尤其要注意一点，就是需要团队一起完成，而不是由项目经理一人完成。这一点虽然很容易理解，但往往在执行过程中，还是容易落入项目经理“一言堂”的局面，因为WBS工作不只是在项目启动阶段才有，在整个项目实施过程中都会涉及，所以不断有工作需要进行讨论分解。

团队一起完成，才能有利于后续计划执行过程中，实施人员对计划一清二楚，在遇到一些项目问题时，就能知道该工作的背景，更好地快速采取应对措施，否则就会出现执行者走一步问一步的情况。所以WBS也被认为是可以很好地建设项目团队的工具，其实就是提高团队的执行效率。

工作分解到底分解到什么程度才结束呢？一般以工期为限，分解到最下层的工作用时在一周内基本就可以了，分解到最下面的是具体活动而不是概要任务。分解完毕后，给这些活动确定工期、逻辑关系、成本、负责人，就能形成项目的详细计划。

千万不要觉得自己对项目很熟悉，就不进行工作分解，只是将计划存在大脑里或者只是自己写个计划。事实上你只是对自己的板块熟悉，并不代表着你对整个项目的全领域熟悉，你可能只需要花费半个小时的时间和团队成员进行工作分解，就可以规避因后续计划不完整导致整个项目耽误半个月的问题。

工作分解的过程不仅是列出工作任务清单，还包括对项目的风险、项目时间计划、工序负责人进行分解讨论。可以通过任务清单的逻辑关系，形成项目网络图，并确定关键路径，识别出影响项目的核心瓶颈点是哪些节点。图1-3为烹饪聚餐简易网络图。

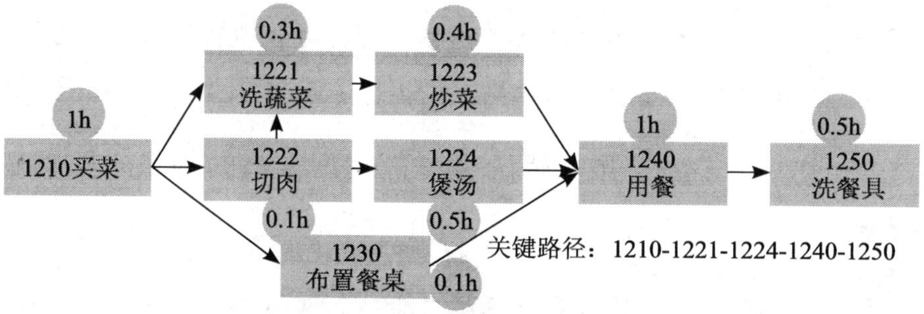

图1-3　烹饪聚餐简易网络图

通过WBS，我们最终识别分工责任，让每个项目成员都非常确切地知道自己负责哪一部分，并将工作逻辑关系搞清楚，成为团队成员信息协调、有效共事的依据；WBS最终形成的工作计划，可用于对执行过程进行跟踪、认清问题并采取正确的行动、建立责任矩阵，这样项目团队成员就能明确知道自己的职责和权力，与相关决策保持高度的一致性。

项目管理场景小故事

项目经理一个人对着白板在进行工作分解。

项目经理：这是我花了一周时间，对这个项目的工作分解，已经非常详细了，大家按此执行就行了。

项目团队成员：哇，好厉害！

WBS下达，项目进入执行过程。

项目团队成员：这个计划是怎么来的啊？现在资源不足，能不能并行啊？

项目团队成员：我也不知道啊，这个计划是项目经理做的，我们也没参与啊。

项目工作分解一定要项目团队成员一起做，才能更好地被执行。

项目的潜在需求

需求管理普遍被认为是项目管理之前的工作，不属于项目管理范畴，但从事过项目管理的人都知道，需求是否清晰，项目输出是否与需求匹配，项目团队对需求的理解是否彻底，都与项目能否成功息息相关。

在项目启动之前，彻底了解清楚客户的需求很关键，此点已经被大家所熟知，但同时我们更要注意的是和客户彻底沟通，去获取客户潜在的需求，思考哪些可能是客户没有讲出来的需求。

来看下面这个事例。

一家电信公司中标一个重大工程，该工程是甲方年度重大项目，电信公司也非常重视，投入公司的核心骨干进行项目研发，按时按质完成任务，而且将设备小型化，使得原本需要的工程面积缩小了60%。到了剪彩那天，来了很多新闻媒体，但甲方却不高兴，项目团队都很奇怪，不是各项指标都达成了吗？后来了解，问题就出在小型化上，这是一个年度工程，但小型化后，整个系统显得非常“袖珍”，几千万的投入就做了这么个“小东西”，毫无气势，使得整个剪彩现场没有达到应有的效果。可见了解客户的潜在需求是多么重要。

潜在需求不是简单通过沟通就能获得的，因为有很多问题影响着需求收集。对于客户而言，很多需求不适合讲，也不愿意讲，讲出来就可能要承担责任或承担一些潜在风险，这就很考验项目团队如何去识别。

客户即关键相关方，通过相关方管理工具，做好相关方的痛点识别，我们常用的是相关方登记册，记录相关方的相关信息。获取相关方需求使用最多的是需求调研，了解相关方想从项目中获得什么。

对于潜在需求，可以从以下几个方面了解。

一是相关方最近发生了什么事情吗？关系人所在的工作区域最近是否有什么烦心的问题，尤其是最近严重影响了他的工作的问题。

二是相关方的职位及职位特点，相关方的工作状态及其年龄等，也会决定潜在需求。

三是相关方的上级对其业绩考评导向是什么？关键绩效指标（Key Performance Indicator，KPI）是什么？

四是与相关方沟通过程中，有无特意强调什么？尤其是不断重复的话题，即使没有正式写入工作说明书（Statement of Work，SOW）的，也极有可能是相关方关注的。

五是假设按照目前项目方案，实现后，能给相关方带来什么？是否已经达到极致？达不到就还有调整方案的余地。

当然这些不足以完全识别其潜在需求，因为潜在需求的识别，不仅靠方法，还得靠丰富的经验，以及对项目环境的认知和掌握。

项目管理场景小故事

高层：这个项目我们中标了，这是一个政府工程，也是今年政府信息化的核心业绩项目，投资几千万元，大家要全力以赴！

全体项目团队成员：收到！我们会拼尽全力！

项目经理：我们要用最先进的创新技术，将设备小型化，按时按质完成。

全体项目团队成员：全力以赴！

终于，项目按时交付，验收达标，项目设备的面积整体比常规做法缩小了60%。工程进行剪彩，新闻媒体到场。

甲方：这个项目很失败。

项目经理：这个项目实现了项目目标，而且采用了先进技术，为什么你们不高兴？

甲方：投了几千万元，就完成了这么一个小东西，没有任何气势，根本没法宣传。

项目的一些潜在的需求，不是单靠项目的时间、质量和成本三要素就可以满足的，处理得不好，甚至会影响这三个要素。

项目发展的四个阶段

如果将项目按生命周期划分，可以分为项目启动、项目计划、项目实施、项目收尾四个阶段，这是放之四海而皆准的道理，在泛项目化理论支持下，一切工作皆可当作项目，则都可以用这四个阶段覆盖，并提供方法支持。

进行项目总体工作分解时，可以通过四个阶段的划分，对项目有一个清晰的了解，这就是一个项目管理的全景图（见图1-4）。

在项目启动阶段，需要输出可行性分析报告用于商业决策、确定项目目标、组建项目团队、提出项目建议书等。

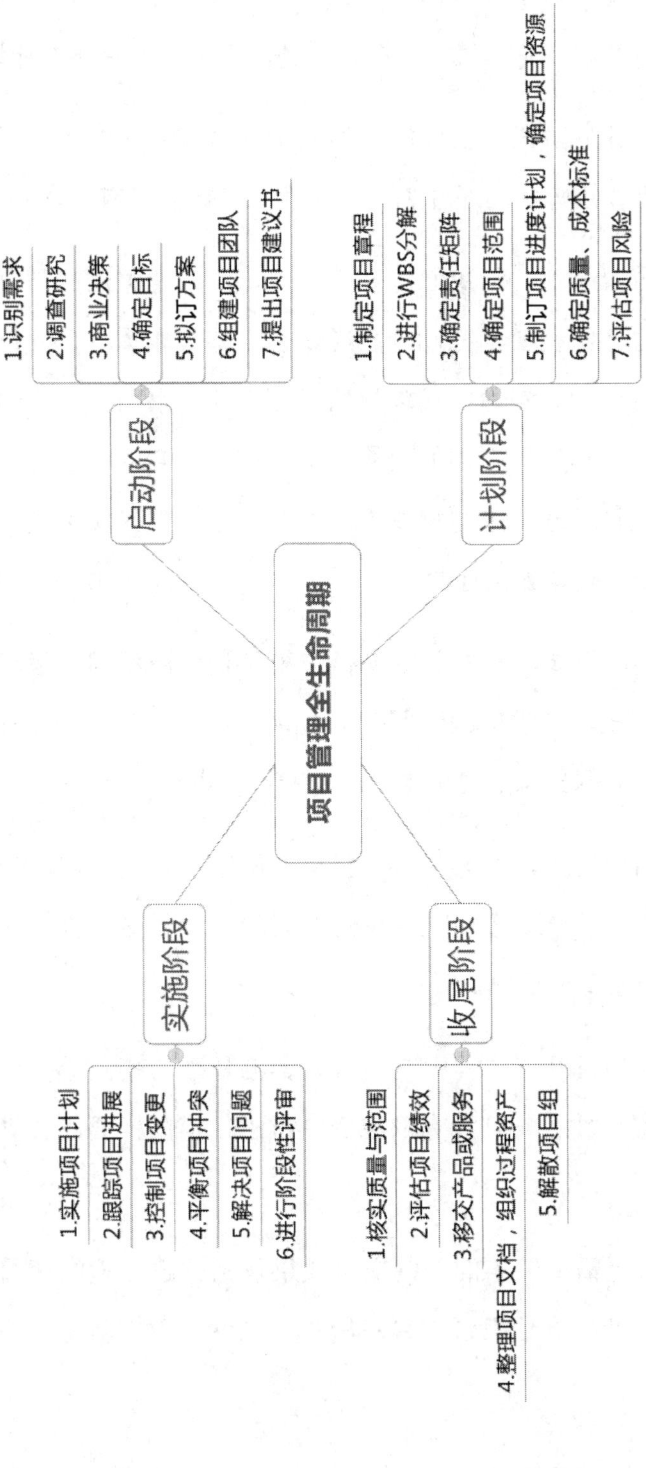
项目管理全生命周期
启动阶段
1.识别需求
2.调查研究
3.商业决策
4.确定目标
5.拟订方案
6.组建项目团队
7.提出项目建议书
计划阶段
1.制定项目章程
2.进行WBS分解
3.确定责任矩阵
4.确定项目范围
5.制订项目进度计划，确定项目资源
6.确定质量、成本标准
7.评估项目风险
实施阶段
1.实施项目计划
2.跟踪项目进展
3.控制项目变更
4.平衡项目冲突
5.解决项目问题
6.进行阶段性评审
收尾阶段
1.核实质量与范围
2.评估项目绩效
3.移交产品或服务
4.整理项目文档，组织过程资产
5.解散项目组

图1–4　项目管理全景图

此阶段重点在于项目商业决策，确定项目是否可行，为后续项目制订计划打下基础，总体属于方向性问题，暂不涉及具体的计划。

在项目计划阶段，需要输出的关键交付成果包括项目章程、工作陈述报告、责任矩阵、沟通计划、重要性顺序评估指南等。

其中沟通计划，是我们常会忽略的。我们常关注的是时间计划，但沟通计划也非常重要，在此阶段应识别出核心相关方，并针对不同相关方制订沟通计划。沟通方式包括面对面沟通、书面报告、会议等，还有沟通的节点、频次，沟通的模板、沟通期望达到的目的等。沟通计划常被认为是项目经理用来与相关方沟通的依据，但其实沟通计划也是需要团队成员一起确定并执行的。

项目实施需要输出的关键交付成果包括面向不同层级相关方的项目情况报告、成本与进度跟踪图表、会议日程，包括公开任务报告、成本跟踪指南、问题日志、变更请求表、变更日志等。

对于问题日志，其实就是“坚持”两字，将项目问题长期地积累之后，可以在阶段性的项目例会上进行讨论，总结重复性问题，形成风险点，更新风险管理计划。

变更在项目开展过程中常会有，影响基准的变更会被记录，但一些小的变更容易被忽略且没有形成变更日志，也同样要注意进行归档管理并推进。

项目收尾需要输出的关键交付成果包括项目后期的评估日程表及指南、项目后期的评估报告、客户满意度测评、项目历史文档指南、项目总结报告等。

项目总结报告是老生常谈，注意这里谈的总结不是业务总结，是项目管理方面的总结，阐述项目管理成效、经验及效果，也是一笔宝贵的组织过程资产。

项目到底是否完成

我们一直强调项目过程中的所有工作都要有明确的输出，但实际的项目执行过程中，总还是会出现理解上的差异，导致双方信息错位，影响项目按时完成。

日常推进项目，通过WBS可以分解出很多的小任务，但常会因为这些小任务到底是否完成而起争议。争议的起因，可能是对完成标准的细节存在疑义问题或者是没有标准，又或者没有完全统一意见。

项目管理过程中有太多这样的例子：项目经理在与技术工程人员沟通项目进度时，项目经理问得最多的是："完成了吗？"技术工程师往往回答："完成了。"这里面有太多的不确定性，项目经理可能问的是A工作，而技术工程师答复的是B工作。另外，即使说的是同一个工作，但可能两人心中的完工标准不一样，比如技术工程师指的是样本，项目经理指的是正式发布的版本。日常项目推进过程中，千万不要有我们很清楚对方在说什么的自信，实际项目推进过程中，就那么一次认知差异就可能导致项目严重延误。

无论是什么原因，最终产生的结果就是你认为已经完成了，他觉得没完成，谁也说服不了谁。比如某个节点需要输出一份文档，虽然确定了文档模板，但没有确定文档是否需要经过评审、是否需要一些相关方签审；又比即使有完工标准，但实际负责此工作的负责人是否清楚此完工标准，如出现人员变更是否有对完成标准进行交接等。

如何解决以上这个问题，首先是要解决完工标准问题。

最好的办法首先是在工作分解时，对每项工作输出标准清晰化，可以用5W1H（Why、What、Where、When、Who、How）方法来验证核实输出标准是否完整，确定后推而广之，让所有活动的责任人对此完工标准能准确复述且理解，这样就达成了一致。

以上是确定了标准，但随着计划的推进，执行过程会出现诸多的计划变动和输出要求的变化，尤其对于活动项上百甚至上千的项目，整个信息沟通渠道如果不畅通，就会产生对活动的完工标准理解不一致的问题，此时进行实时更新标准并书面化就非常必要。

其次是要减少信息错位的问题。要确定报完工方式、途径、审核人员及最终审批人，保证与基准一致。对于跨地理区域的项目，无法实地核实活动输出的，就要提供足以证明完成情况的材料并进行审核。一般而言，审核人员是第三方人员，即与项目非直接相关人员，能更有效地对输出进行把关。

项目管理场景小故事

项目经理：（电话）工程施工搞完了吗?

业务单位负责人：搞完了。

项目经理：（对工程技术人员）前线已经提前完成了，你们去给客户培训吧。

工程技术人员抵达现场……

工程技术人员：现场十个区域，只有六个完成，还有四个，无法培训啊。

业务单位负责人：对啊，这个月我的任务就是完成六个，我已经完成了，剩下的四个要到下个月完成。

工程技术人员：啊！？

对完成标准的理解错位，会带来许多麻烦事，需要对完成标准细化，并确定报完工方式、途径及审核人员。

项目需求管理

以需求为导向确定项目目标，能保证项目方向不偏离。需求的来源包括甲方（客户）、项目支持者、项目团队成员、供应商及组织高层。对于需求的分解，需要把握与当前资源的匹配，资源无法支持的需求，只会让项目成为空中楼阁，无法落地。

项目需求分为显性需求和隐性需求，显性需求可以从客户意见、提问、填写问卷调查、市场调研等中获得；隐性需求无法直接获得，考验项目经理对项目团队环境、组织环境和社会环境的认知敏感性。

项目需求与项目任务的对应性，需要分别展开并实现逐条对应，以保证在进行项目验收时能清晰和完整。需求管理从项目管理知识体系看，不是其内容，却影响项目管理的开展，需求管理其实关联到项目基准的确定，要引起足够重视。

项目基准的确定本身就是一个难点，需求可行则对基准确定有直接好处，为保证需求的可行性，在需求环节设定一个商业决策评审是普遍采用的方法。商业决策评审适用很多类型的项目，如产品或服务项目、产业化项目、管理变革项目、工业工程项目等，这些都可以进行决策评审。

商业决策评审其实就是可行性评估，包括技术可行性、人员可行性、市场可行性、计划可行性等，参加方包括甲方、项目发起人、资源单位、市场单位、项目团队等。专业技术可行性、成本可行性、质量可行性在决策评审中不会被遗漏，也会被着重评估，但计划可行性却常是一个问题点，项目的完结时间容易被拍脑袋决定，毕竟一直以来如何科学评估时间是需求阶段的一个难点，此时还没有确凿的相关依据进行准确评估，但项目发起人或者甲方又迫切需要一个时间，且评估的时间往往在后续被作为唯一时间基准一直遵照下去。正因为如此，导致后续在项目管理过程中的时间计划制订从一开始就已失去科学准则。项目团队以此为基准进行的时间计划，就变得失去意义。

要解决这个问题，可以从以下几个方面入手。

一是彻底地改进可行性评估的流程，将时间计划评估在该流程中忽略，直到可行性研究通过后，正式开始立项时，才进行准确时间计划评估，但需要落实这个要求，必须在组织内部标准化此操作。

二是如无法忽略时间计划评估，应将此时确定的时间计划与最后的时间基准比较，确定一定的、可允许的偏离值，即在项目启动会时将此评估的时间值作为参考值，但并不立即将其作为项目基准。

三是在可行性分析过程中，将计划评估公式化，将对时间节点造成影响的因素作为不确定值，在后续通过渐进明细方式，不断完善，这样最终形成的时间基准就可以被执行。

项目管理场景小故事

商业决策评审会会议现场。

高层：从总体分析来看，这个项目还是很有价值的，就赶在春节前完成吧。

项目经理：啊！现在只是价值评估，时间计划还有很多因素制约，还没搞清楚。

高层：没时间评估了，就这么定了，开始立项搞吧。

需求阶段重点是商业决策评审，而不是时间计划，一旦拍脑袋，从一开始就埋下了时间计划失效的“祸根”。

项目管理小贴士1：项目“铁三角”差异性大

项目进行过程中，如出现较大问题，发现按目前情况发展下去，项目必将离初始目标很遥远了，此时还去分析项目的具体问题，通过赶工或者增加人手，似乎已经无法解决问题。这时要跳开纷繁复杂的项目具体问题，从根源上去解决问题，彻底扭转局面。其一是调整项目范围，调整项目输出范围是一个思路，如输出的范围涉及十个方面，通过分析、与客户沟通，去掉其中几个需求或者是下调要求，这样可以扭转整个项目进度；其二是简化一些项目过程控制要求，也是常用的方法，很多时候就使得整个项目得救了，一定不能被已经无法影响大局的细节问题绕晕。

项目管理小贴士2：项目目标是否真的清楚

我们总说项目目标要清楚，好像我们都非常清楚一样，但事实上我们常常因为目标不清楚而导致项目问题时有发生。我们在提到目标的时候，有可能不清楚目标到底应该包含什么，对于一个项目而言，项目的目标并不仅仅是项目最终产出物的相关参数，还应包括计划目标、团队建设目标、组织过程资产目标、项目预算目标等。

同时有一点非常关键，就是目标是项目团队、项目发起人及客户共同认同的，而不是任何一方单独确认的。

通过目标讨论方法，依据不同的维度一一对标，其实可以更清晰地知道目前所做的与目标是否有差距。

项目管理小贴士3：影响项目成功的要素有哪些

影响项目成功的因素，一般包括以下几个：

- 项目团队、客户和管理层对项目的目标是否达成一致；
- 项目是否有明确清晰的计划；
- 项目团队成员是否有效沟通；
- 是否有受控的项目范围；
- 管理层是否支持。

项目成功的关键，是项目相关方都满意，所以这里我们一般会关注客户、管理层的需求，并努力让其满意；但我们往往会忽略项目团队其实也是关键相关方，否则带来的最直接的不良后果就是在本次项目结束后，团队在下次项目中积极性会受到直接影响。这里的项目团队指的是非外围团队成员，是内部团队成员。

项目团队核心成员的需求包括价值自我体现、获得报酬、得到上级的认可等，在项目开始阶段就要识别清楚团队内核心成员的需求，并贯穿项目的全过程，管理这些需求。比如某位核心成员的需求是想更多地表现自己，可以提供更多的机会给他，向管理层汇报展示他的成果。

项目管理小贴士4：项目规划对项目范围的影响

在实施项目化工作中，我们试图通过前端的规划来确定后续项目的清单、范围，规划工作为保证其全面性和系统性，势必使得规划周期变长。

我们可以思考在项目具体实施思路、范围还不明确的情况下，到底是否应该通过详细的总体规划，来确定项目范围。

总体规划会不自觉地扩大项目范围，导致项目不可控，同时规划会导致项目立项时间延长。如何把握合适的度是项目经理和支持者所要考虑到的。

通过需求导向，确定一定项目范围并先开始落实，规避掉规划工作所带来的弊端，也不失为一个好方法，以点带面，再由面落实到点，正所谓“先动起来”。

2

项目计划的管理与控制

定时间计划永远都不过时

我们负责一个项目或者负责项目当中的一个子项目，项目的周期有长有短，那么到底项目进行多久才需要做计划呢？一个月还是两个月，抑或只要掌握最终交付的节点即可？

实际工作环境中，不是每个人都有想做计划的意愿，一个项目团队中总会有团队成员做事按照自己的想法来，走一步算一步，快到节点时才开始急匆匆考虑计划。

事实上，对于项目管理的时间计划而言，哪怕这个项目只有一个月的时间，也需要做计划。做时间计划，最重要的一个目的，就是给你一个目标，使你很清晰地了解进度要求。

有计划的项目，就会有成功的机会，如果没有计划，项目一定不会成功，即使是渐进明细的计划也比没有计划好。

定计划应该成为做项目的习惯，无论是被动接到的项目，还是主动争取获得的项目，无论过程跨度是一年还是一周，第一步就是定出时间节点，有节点就有了时间基准，可以倒逼项目往前走。

这个计划不是存在个别人脑子里的，而是要输出并公布的，那种由项目经理一个人确定计划并只存在于他/她的记忆中的计划是注定会失败的。

具体项目计划中的要素如图2-1所示。

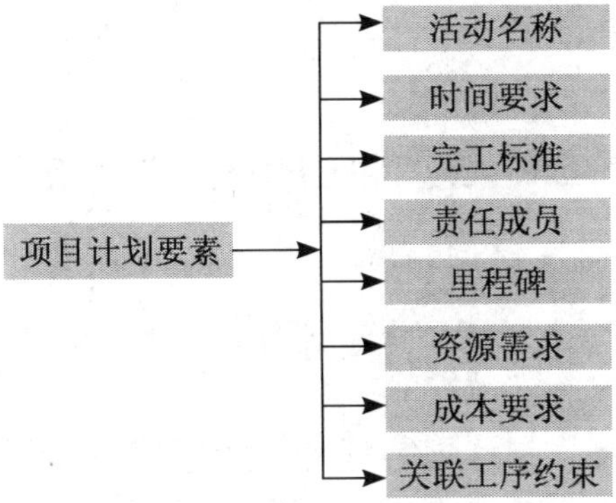

图2-1　项目计划要素展开图

项目管理场景小故事

项目经理接到项目工作，召集项目团队，对照沙盘制订计划。

项目经理：来，我们一起做计划。

项目经理再次接到一个项目工作，召集项目团队。

项目经理：来，我们一起做计划。

……

项目经理：大家一起向计划目标冲啊！

全体团队成员：冲啊！

让定计划成为一个习惯，并书面化，每一项任务都目标计划化，提高项目成功概率。

计划制订的边界条件

边界条件是数学里的概念，指为了进行数学运算进行的限制参数设定，是控制方程有确定解的前提。对于任何问题，都需要给定边界条件，边界条件的处理，直接影响了计算结果的精准度。

计划制订同样如此。计划制订是一个既容易又困难的工作。容易是指在项目管理过程中最容易出现的直接倒计时式计划制订（又称之为从右到左的计划制订方式），这样的时间估算其实是无边界条件的，属于拍脑袋形式。但在中国式项目管理里，这样做成功的概率有50%，这就导致很多项目发起人乐此不疲，同时让项目经理叫苦不迭。

困难指的是精打细算的计划制订，这个时候要考虑周密的边界条件参数，但需要哪些参数，其实就非常考验我们的经验和水平，这些参数会涉及人的因素、资源的因素、环境的因素、制度的因素等。

例如，我们要进行一次越野赛车，要经过平地、山地、沙丘，那么在估算通过时间的时候，要考虑到三个地方的平均速度是不同的，因为外部环境不同；另外，穿越的过程可能会遇到下雨、风沙从而延缓速度，那么也要将其作为条件参数，这样估算出来的节点才是具有较高执行力的。如果直接按平地的车辆速度来估算，那计划节点就会差之千里了。

当我们在这里讲这些简单、浅显的案例的时候，其实目前国内计划制订的现状并不乐观。尤其对于技术型的项目经理，在制订计划的时候，过于理想成为一个通病，这种理想化最常见的就是仅仅将自身认知范围内的边界条件考虑在内，比如完成这个工序，我自己有什么制约因素、我自己需要多少时间，而不考虑如果需要按这个节点完成，其实是以外部条件也毫无问题为前提的。一旦这些“边界条件”有任何问题，就会产生连锁反应，自己的假设就不成立了，所以一定要将边界条件考虑完整。

项目管理场景小故事

高层：这个工序你需要多久完成？

项目经理思考：我出方案三天，资源单位加工一天，再外包供应商深加工一天。

项目经理：五天可以完成。

三天后，方案完成，但……

项目团队成员：资源支持单位的工程师一直在做其他项目，还无法抽时间负责我们的项目。

项目团队成员：我们需要的外包供应商此方面的业务已经暂停了，我们要找新合作方。

项目经理：……

制订计划，一定要将边界条件考虑清楚，不能只考虑自身负责的领域。

计划制订的缓冲时间问题

如果你负责一个项目，利用工作分解结构和关键路径分析，在资源无限制情况下，可以制订出最可能实现的进度安排，这可以让你了解可实现的最短工期是多长时间，但不能着急以此作为执行的依据。

在现代项目管理中，项目工作变得越来越细化，要求越来越高。这个时候对计划的每一个活动，都要考虑缓冲时间。其中类比法，是我们在组织内进行计划执行常用的办法，如果这类项目工作一直都有延误的记录，你就得相信这些历史记录，那就必须为进度安排增加一段时间以备不时之需，这段额外增加的时间叫作缓冲时间。

这些缓冲时间的产生来源主要包括项目工作可能会遇到的风险缓冲时间和上面提到的工作“交接”时间。风险时间可以从历史数据中获取，即此前这项活动，遇到过什么问题，对时间产生了多少影响，通过一定量的样本统计及直方图、PERT技术等得出一个相对合理的数据，一般按照完成概率80%的数据计算。缓冲时间计算方法为：

$$\text{Buffer}=\left[\sum_{i=1}^{n}(\Delta t_i)^2\right]^{\frac{1}{2}} \tag{2-1}$$

式中，Δt_i为活动的保险时间。

对于“交接”时间，比如结束—开始（FS）的紧前紧后工作，会有更严格的“交接要求”，也使得计划制订不是简单的1+1=2，即A工作完成需要a天，紧后工作B完成需要b天，这两项工作完成时间不一定是a+b天，因为实际工作中，从A到B，会需要很多“交接”。比如验收A的产出，或者A的产出传递到B，B接收之后、B启动前的准备等都需要时间。而“交接”又是常被认为没有什么技术含量、项目团队忽略不计的，这就导致延误发生。在复杂的项目里面，此类活动的数量可能会达到上百个，如此估算时间，就会产生叠加效应，最终导致最初估算的时间偏离严重。

“交接”时间与组织内部的流程要求和实际的组织环境有关，比如一个硬件产品，制作完成后需要送去调试，那两个活动的时间中间其实有将硬件运送的过程，这就和组织一般运送的周期及物理距离有关，所以这个活动的完成时间也不是简单等于硬件制作时间+硬件调试时间。

项目管理场景小故事

项目发起人：甲方很快要来进行验收，我们的项目进度怎么样？

项目经理：项目正在收尾，收尾后我们进行内部验收，通过后就可以交付客户了；收尾五天，内部验收两天，那一周后就可以了。

一周后。

项目发起人：怎么还在内部验收？

项目经理：哎呀，项目的输出需要运输去交付内部验收，运输“堵车”，排队花了两天时间，本来只要一个小时的，所以今天才刚开始调试。

紧前紧后工作的花费时间，不是简单的a+b，中间会有“交接”，这就是我们要考虑的缓冲时间之一。

计划的延误管理

在项目中，制订周密详尽的计划是必须的。在接到某个工作项后，你的上级常会问两个问题：你的方案是什么？你的计划是什么？其实是在问怎么干、什么时候干。

即使你负责的项目在此前已经有过类似的，也应该制订详细计划，如确实无借鉴，可以采用渐进明细方式制订计划。计划制订之后，按照计划一步步向前走，那是一个理想状态，计划不如变化快，是一个常态，尤其是在项目经理同时负责多个项目的情况下，计划延误的概率更大。

事物总有两面性，我们过于重视计划也会带来很多困扰，资源瓶颈、人员瓶颈总是给计划执行带来重重阻碍，让我们对计划逐渐失去信心。有数据显示，组织内项目按时达成率能达到项目启动时制订计划的60%，就已经处于优秀组织之列，所以过于重视计划也会带来无尽的烦恼，因为执行过程中变数太多。

制订计划只是一个起点，在实际执行过程中，面对日常计划的冲击，不能死揪住计划不放，必须有随机应变的能力。

这就强调，项目经理不仅要关注项目的专业目标，而且要关注项目的业务目标，要具备一定的“商业头脑”，从客户的角度思考问题。客户包括上级领导、甲方、项目支持者，思考他们的需求是什么，权衡计划的变更幅度、节奏。

以下是两个典型的例子：

例1：计划变更两次总计往后延期一个月，比起计划变更一次就延期一个月，更能解决问题，甚至变更后更容易实现最终目标。因为不仅能提升客户的接受度，也让项目团队对计划的紧迫性更关注。

例2：有时你不必因为项目的最终产出时间延误而苦恼，你只要保证产品的初样按时交付即可，因为你发现客户首先关注的是初样用于市场宣传，而市场的反馈才是最终影响产出时间的关键。

计划的执行过程中，因为前松后紧而延误是必谈的老话题，但它却一直出现在项目中无法杜绝：启动阶段草草了事，项目过程不断试错，项目结案问题多多，最终交付不断延期。所以整个过程中步调如何缓急有度就非常考验项目经理的控制水平，以下几点值得推荐。

（1）启动阶段投入更多的时间，不要着急验证，事半功倍会在这个阶段得到最好的验证。当验证一次通过的时候，你会发现自己在启动阶段顶着进度压力，多花了一周时间细化方案是值得的。

（2）到了实施阶段，一般这个阶段计划的时间最长，也最容易一天天地被浪费掉，因为你总会告诉自己“还有时间”，在这个阶段是最需要项目经理对节点卡紧的，否则就会出现临近项目结案时间，被迫倒计时的窘境。

（3）最后的项目结案，不应该变成冲刺阶段，而是计划审视的阶段，此时已可以预计出项目的最终交付时间了，团队要做的就是对计划的完整性进行再次审视，确认是否有遗漏的地方，因为此时再进行最后的补救还来得及。

整个计划执行的过程，其实就是一个目标一步步达成的过程，计划执行张弛有度很重要，总的来说计划要做，执行要严，同时也要学会提前预警。

项目计划管理通用过程如图2-2所示。

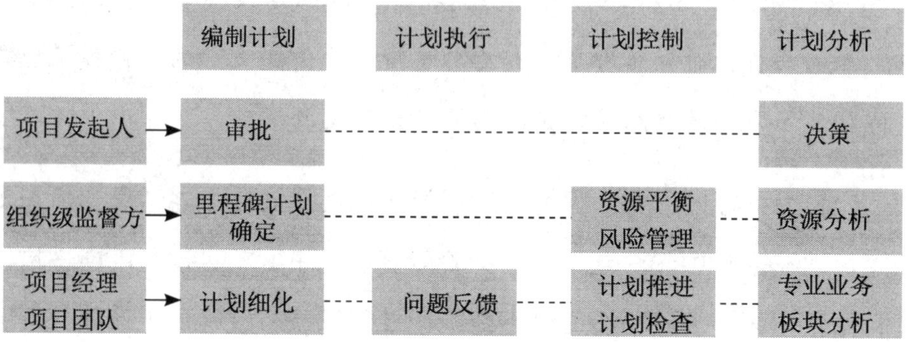

图2-2　项目计划管理通用过程

虚假合意怎么办

接到上级安排的项目，上级时常会对你说：请尽快完成这个项目。然后才过了一天，上级就会向你要东西，然后你会很委屈地说，这个项目至少得一周啊，然后上级还训你工作太慢，那问题出在哪里？

我们来看看一个似曾相识的小故事：

小A最近顺利地完成了一个项目，心情特别好。今天他一到办公室，突然电话铃响了，上级把他喊了过去，领导说："目前我们跟甲方合作的一个工程项目，要出一个工程布局图，关于这个布局图的总体思路，稍后，我会让小B把相关的PPT给到你，你可以按照PPT上的架构，画一个总体的布局图，这个布局图我们需要在项目启动会上用到，你要当作一项重要工作来做。”

上级说完，望了望小A，然后说要尽快完成这个工作。小A听完转身就走了，想想这个工程项目这么重要，早就在公司的高层吹风会上说过，现在上级把它交给我，那应该是觉得我可以胜任这个工作。小A接到工作就立即开始认真地做了起来，查找项目资料，研究工程的框架，并同时做了好几个工程布局图，但也不是很满意。第二天中午，一个急促的电话响起，上级又把他喊了过去：“小A，你那个项目做得怎么样了？可不可以交了？”小A愣了一下：“嗯，领导你不是说尽快的吗？”

领导：“对啊，尽快就是今天就要交啊，你不会到现在都没动手吧？”小A苦笑：“我已经在弄了，但是没那么快，可能还要三天的时间。”领导立马有点不耐烦：“我叫你尽快，你到现在才刚开始，还要两三天时间根本来不及。”小A非常委屈。

问题到底出在哪里呢？问题出在一开始就没有约定好时间，当上级在布置项目说尽快那一刻，你立马就要敏感地发觉这里有坑，并快速地在大脑里过一遍，我什么时候可以解决这件事情，并回复：领导，我在后天上午下班前完成是否可以。这样就会得到一个回复，自然相互的约定就产生了，剩下的就是你怎么搞定这件事情了。

这类问题称为“虚假合意”，即你感觉好像统一了意见，明确了方向，但实际没有，当事人在当时也没察觉你们的想法不一致。“我以为”是此类事件发生矛盾后最容易说出的词语，在项目工作中很常见。例如，召开项目问题讨论会议，大家各抒己见，甚至出现一些拓展话题，场面也很热闹，但会后发现好像什么都没定下，然后确定责任人，个个都说："没有确定是我负责啊？"

造成这样问题的原因，一种是项目团队成员为了避免发表意见出现冲突，或者在当时环境下发现发表意见有风险，就刻意将自己的观点表达得很模糊，留有余地，不愿意表达自己的真实想法；另外一种就是在当时的环境下，会议主持人没有刻意去引导大家明确结论。

对于此类问题，采用技术思维去解决是一个好办法。技术思维强调明确、量化、细节，所谓"打破砂锅问到底"，将事情数据化、定量化。比如问题讨论，那最后就应该聚焦解决方案、时间、责任人。当然日常项目管理过程中，也要培养这种意识，因为一旦进入"虚假合意"的环境中，就会不由自主地被"带偏"。

项目管理场景小故事

项目经理决定近期组织一次团队非正式沟通活动，准备搞一场户外活动，刚好周一下午，项目经理在项目例会结束时开始聊起这件事。

团队成员：我们去哪里合适呢？

团队成员：去户外爬山吧。

团队成员：嗯，爬山不错。

由于有下一场会议，大家也就散会了。周末大家就出发了，但是天气太热，山也很高，大家非常累，于是有人就开始抱怨。

团队成员： 这是谁的主意？

团队成员： 这不是你的主意？

团队成员： 我是听到  说去，我才说去的。

项目经理于是逐个问大家意见，结果出乎意料，基本没人愿意来。

“虚假合意”现象就是将沉默作为同意，其实背后隐藏着大量的不同意见。

里程碑用来干什么

里程碑即项目关键节点，是不能轻易变更的，一旦变更不仅变更过程要求严格，而且项目经理会被要求付出“惨重”的代价。

我们知道通过网络图可以识别关键路径，并将关键路径中的节点作为里程碑，以此作为分阶段管理项目的方法。对里程碑的确定必须是严谨的，每个里程碑相当于一个决策评审点，评审通过才可以进入下一阶段，所以对于里程碑的验收标准必须经过多方评议。

如制作网络图过于复杂，我们可以用简单的3-3-1法则直接确定里程碑，即三周一个团队级里程碑、三个月一个组织级里程碑、一年一个整体验收式里程碑。

里程碑提供了一个用于过程考核的基本依据，使得项目团队有阶段努力的方向。里程碑的实现肯定是有难度的，团队成员在往目标里程碑努力的路上会出现许多问题，并会向项目经理提出变更请求，项目经理需要坚定信念，要保持对里程碑的信心并发挥领导作用，对项目团队传递积极信念，不能轻易动摇，将问题抛给上级。

里程碑的变更可以视作一件项目过程中的重大事件，对于项目团队而言，进行里程碑达成的努力不能轻易放弃，随意变更，否则士气将一泻千里，使得团队失去战斗力，并将变更视为常态。

项目管理场景小故事

项目经理正带着团队成员向着里程碑冲锋。

项目团队成员：这个里程碑“山头”我看是无法按时攻下来的了。

项目团队成员：是啊，是啊！还有这么多困难！

项目经理：我们不能丧失信心，要坚持下去，其实后面这些困难我们早有风险预防措施。

项目经理摇旗呐喊……最后大家攻下“山头”。

项目经理对里程碑需要坚定信念，要保持对里程碑达成的信心并充分发挥作用，向项目团队传递正能量，不能轻易动摇。

完成项目任务，输出初稿

项目管理过程中会有一种情况：有些计划点是输出一些文档、一些可交付成果，但时常完成了文档、可交付成果却不一定就可以报完工，因为输出未完全通过审核。

在项目开展的过程中，我们会有一些工作任务，对这些工作任务，我们与项目的相关方或者与核心相关方确定了完成的时间，通过你费尽功夫、没日没夜地干，在计划点到达当天完成了一个方案输出，比如说项目方案、项目计划书等，然后我们提交给第三方进行审核，比如你的上级，上级对你的方案提出肯定，但指出还是有些瑕疵需要修改，你满意地走出上级办公室。

在这个时候，我们认为事情要告一段落，可以松一口气了，已经是阶段性成果，即："嗯，不错！我已经完成初稿了。"然后我们会突然放慢脚步，不自觉将完成计划点往后延一段时间，但事实上，我们一开始约定的计划点，已经马上就到期了。这是一个我们在项目开展过程中经常会碰到的心理误区。

项目管理强调计划点管理，在确定计划点输出可交付成果是基本的项目管理规则，严格按照项目的计划点进行工作推进，保持良好的工作习惯和清醒的头脑，是我们应该具备的基本项目管理素养。

尤其当我们在项目阶段关口，在最后一天完成项目产出的时候就要意识到，将可交付成果给到第三方审核的时候，会有修改的风险，如果还要进行变动，那审核确认时就要与相关方进行重新约定，是否变更这个计划点的完成时间。

在项目管理中，计划点就是基准，就是不能逾越的底线。完成计划点的标准是什么，要对此保持清醒的认识，否则如同前面提到的，当你修改后再次提交并最终通过审核，可能离计划点时间要求已经过去很久了。

项目管理场景小故事

项目经理：报告老板，您要我一周内写好的项目方案我已经写完了，麻烦您审查一下。

项目发起人：嗯，方案还是不错的，整体思路对了，就是一些细节还要调整一下。

项目经理：好的，我立马回去改。

项目经理：（自言自语）费了一周时间，终于可以放松一下了。

完成初稿并没有完成最终目标，要规避这个心理误区，避免延误交付。

错峰出行

在进行项目集管理时，当组织内同时进行着同类型的项目时，由于会使用同类资源，就会出现资源争抢的问题，也成为组织内资源管理的难点和重点。这些同类项目同时进入某个相同阶段，是因为组织为实现战略目标，会在某一时间同时启动这些项目，这些项目都是实现组织战略目标的子项目，而且这些项目周期相近，就时常会出现项目扎堆的情况，即在同一时间段不同的项目需要使用相同的资源，造成撞车，项目延误的概率成倍增加。

用一个日常生活中常见的现象来说明，比如你从家到公司的距离是5公里，如果早上7点出发，7点30分能到，那是否8点出发就是8点30分能到呢？那不一定，因为早高峰来了，8点出发，可能9点30分才能到。

同样，我们面对项目需求资源峰值时，项目团队可以针对不同资源历史使用情况，尤其是本项目的关键节点所需资源，分析此前出现峰值是在项目生命周期的什么阶段。以此作为依据并结合当前项目环境，将自身的项目计划进行优化，适当地将还未完成但可能处于峰值的节点延后或者提前，同时对紧前紧后工作进行调整。

如要提前，可以通过赶工等方式提前实施此节点，保证节点错开资源峰值。延后就可以考虑压缩紧后节点，实现整体进度不受影响。

简单地看，这只是计划的调整，但实际上规避了资源风险，如果不这样采取措施导致遇到资源峰值，那就不只是延误一点时间了，在峰值实施这个节点，势必导致项目无法进行，进退两难。但如果错开高峰期，将紧前工作做得更细致，推动峰值节点的准备工作更完全，风险更小，那么即使推迟一定时间开始，也会在后续的节点很快抢回时间。所以在某种意义上来说是将项目时间提前了。

项目管理场景小故事

不肯起床，时间显示7点20分。

（暗自庆幸）不着急，到公司只需要半个小时，8点半到即可，我8点出发都可以。

8点，准时出发，遭遇高峰堵车，时间已经是9点了还未到公司。

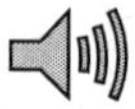不能用简单的线性思维来考虑项目节点，因为在多项目管理情况下，存在资源峰值，一旦遇到峰值节点，节点需要的周期就会成倍地增加。

面对已经失控的项目计划，怎么办

当项目经理临危受命一个已经进行到一半的项目，而这个项目的计划已经失控了时，怎么办呢？这种情况可能并不多见，但和我们面对一塌糊涂的计划时的状况是一样的：计划执行过程中，多条路径并行，到处“着火”，团队成员疲于奔命，项目好像已经没救了。

要挽救这样的项目，并不是没有办法，这里有一个可遵循的五步法，即重述目标→重编计划→重新振作→身先士卒→项目沟通。

（1）重新梳理目标是什么。对项目进行全面分析，重新梳理项目的目标，搞清楚目前的情况，确定项目计划偏离带来的问题，进行项目绩效评估，得出项目的各项指标的情况，并告知全体项目团队成员，让大家直面问题。不管怎么样，前期总是做了工作，所以清算“债务”就是首先要做的。

（2）编制项目计划。知道离目标有距离，那么工作就要做细，原来的WBS最好不要用了，将项目定义为新开始的项目，组织项目团队进行再次的工作分解，掌握未完成工作的清单。分析如果按照原定的最终交付计划完成，进行倒计时，需要多少资源才能完成。此时可能会得出两个结论：一是即使资源无限也无法实现原来的计划，二是得出一个可以实现项目目标的计划，但前提是需要大量资源。

对于第一点，应调整项目目标。当然我们会选择第二点，但计划必须得到项目发起人的审批。可以先取得发起人信任，同时在审批过程中，必须与项目发起人沟通清楚实施此计划的前提条件，达成共识，在项目实施过程中，如果遇到无法实现的计划，可以再与项目发起人进行沟通，调整计划，同时也要让发起人看到项目团队为此付出的努力。

（3）激励团队。在得到项目发起人、管理层的认可之后，应召开项目启动会及团队工作启动会，因为项目计划偏离后，会带来很多负面影响，项目团队处于士气高度低落时期。项目重新启动，加上管理层的承诺、项目经理的决心，可以重新激起团队的战斗力。

（4）实施过程。确定了计划后，就需要进行工作安排和工作分工。不过即使有了以正向激励为主的推进思路，在计划实施过程中，依然会有很多问题。此时项目团队有可能会再次产生“应激反应”，对再次出现延误感到无助，甚至恐惧，项目经理要和团队成员保持良好的沟通和交流，要比以前表现得更身先士卒，而且不能以强硬的作风来推进，尤其不能将以前的延误归罪于项目团队。

（5）项目沟通。制订严密的沟通计划，使得信息沟通无死角，可以将项目问题讨论会议的频次增加，让每一个问题都能快速地在团队中传递，并让大家知道问题在快速地被解决。通过各种形式，让每一位项目团队成员知道项目各板块的进展，哪怕是有一点小进度，都要给予肯定，并挖掘亮点。

项目管理小贴士：项目阶段会议

在项目过程中召开项目阶段关口会议，这其实已经不是一个新鲜事，在诸多产品管理书籍当中也有介绍。其本质是将项目按照其输出成果分为几个阶段，通过在阶段中设置关口会议和关口评审，使得项目能逐步地向最终成果靠近，又避免了项目产出的最终失败。

关口管理的核心问题是在什么时候设置关口，以及怎么样才能让项目通过关口。在项目集管理当中，对于同类的项目，设置相同的时间点和通过要求，方便标准化管理（见图2-3）。一般而言，可以以项目的重大里程碑作为关口，另外也可以以输出为关口，如某项目的产品由A、B、C、D四个模块组成，那么可以分别设置一个关口，同时在集成的时候再设置一个关口。

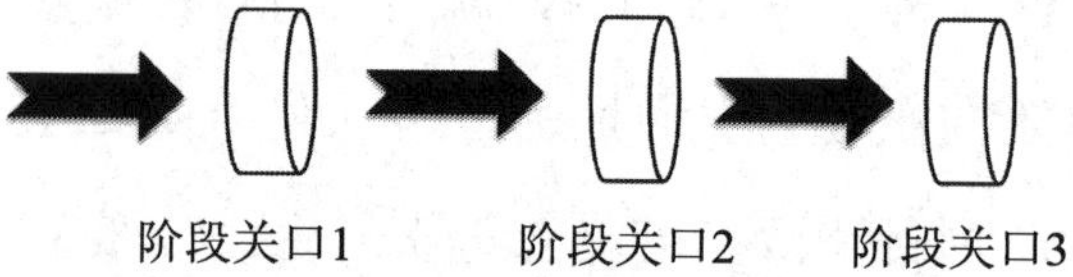

图2-3　项目关口示意图

3

做好沟通管理，项目已成功一半

沟通计划

项目经理80%~90%的时间都应该放在项目沟通上，所以我们常常强调项目经理需要具备很好的书面和口头表达能力，要能有效地召开会议，要能建设性地解决冲突，要善于倾听并理解对方真正表达的意思。

沟通追求的是效率、是结果，“沟”是为了“通”，是以解决问题为导向，沟通的基础出发点是做好沟通计划。在日常计划管理过程，沟通计划容易被忽略，尤其大多数项目经理常认为沟通不用做计划，只需要遇到问题随机而动即可，这就造成了很多沟通无预案，方法粗糙，效率低下。可尝试采用环式无障碍沟通模式（见图3-1），也可以称为无差别沟通模式。

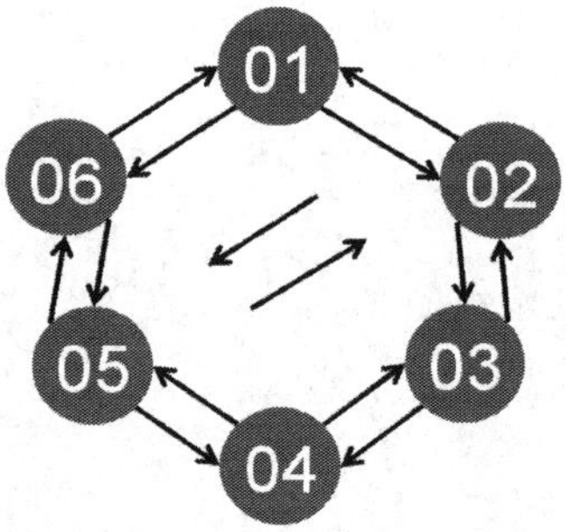

图3–1　环式无障碍沟通模式

项目经理的核心工作之一是进行相关方管理，而通过做好项目沟通计划可以很好地执行这项工作。

沟通计划做起来并不难，首先分析好核心相关方，这是沟通的对象，包括项目发起人、项目团队成员、供应商、客户、市场部门等。针对不同的相关方，从沟通内容要求、沟通的周期、沟通的载体、期望反馈、关联情况五个维度进行制作（见表3-1）。

- 沟通内容要求。沟通的内容，一般按照不同的颗粒度进行要求。比如项目发起人，应该获取的是总体情况，以及影响项目基准的关键问题和对策。但对于团队核心成员，则要清楚项目进度的具体细节。
- 沟通的周期。可按照周、月的周期进行区分，保证信息沟通的及时性。对于核心相关方，由于涉及项目细节，必须一周进行一次沟通。
- 沟通的载体。包括会议、座谈交流、项目报告、电话及E-Mail等。
- 期望反馈。此次反馈希望达到的目标，以及希望反馈的时间。
- 关联情况。此项沟通会带来什么连锁反应、风险问题，要提前制定什么对策。

表3–1　项目沟通计划表

相关方	沟通内容要求	沟通的周期	沟通的载体	期望反馈	关联情况
项目发起人	项目总体进度	季度	会议	会议即时	项目预算、潜在需求
客户	项目里程碑进度	月度报告及会议	文字报告和会议	3天	范围变更风险
团队成员	项目详细进度、项目问题	每周例会、每日站会	详细进度PPT	5天	资源支持、团队状态

项目报告是一个好工具

在项目推进过程中，通过项目报告的形式，保证各相关方掌握项目动态和项目问题是一个很好的方法。项目报告其实是项目相关方沟通管理的一个载体，也是一个很好的展示项目进度的工具，一般包括项目的背景、项目当前的总体情况(包括当前总体进度、阶段性成果)、项目的问题及解决时间、解决人、下一步计划、风险，尤其是风险，一定要在项目报告中展示出来。

“报告”二字并不代表就是问题，就是困难，一样可以展现项目过程中做得优秀的地方。现在借助网络，报告的传递已经不拘泥于组织内部的沟通渠道，互联网工具已经成为一个常态化的报告载体，利用互联网中的项目报告，强调时效性，并能快速定位问题解决者。

项目报告讲究时效性，所以项目报告可以分为即时项目报告和总结项目报告。即时项目报告顾名思义为当时的，比如项目刚刚进行完某项工作发出项目报告；而总结项目报告可以是一周的、一月的、一季度的甚至是一年的。

项目报告存在的核心作用就是保持相关方的信息畅通，信息的畅通是为保证项目方向正确，并能及时获得支持。我们常说早请示晚汇报，其实就是一个好方法。要及时把项目进展情况向上级、发起人汇报，而不是等出现问题了、有进展了才汇报，即使没进展也要汇报。从项目评估到项目发布都可以用项目报告的形式，由项目经理或项目经理助理负责发布，报告信息是经过提炼的，能够清楚反映当前项目的核心进度和问题。项目报告还有一个很好的作用，就是聚集信息，将所有项目板块的沟通、问题发布、讨论都集中到这个报告中来。

在职能型或者弱矩阵型的项目管理模式下，对促进项目进度有帮助的团队成员或者其他相关方，在项目报告中给予工作肯定，并将信息传递给其上级，达到很好的激励效果。

为保证报告的形式直观、明了，几个常用的工具可以在项目报告中使用，比如项目网络图或者甘特图，能清晰地展示项目进度。在组织内部进行项目报告，一般要控制报告的篇幅，所以用图形化的表达方式非常有效，建立简化版的网络图，快速直观地了解项目的进度和节点要求、负责人，可以快速精准地传递项目经理的项目报告意图。

项目报告的形式

你需要阐述项目，无论是总结还是过程进度情况，项目报告是一个很好的方式，也是项目管理的一个常用工具。时代在发展，项目报告也在发展，从形式上，已经从文字表达、图文表达开始往视频化、互动化表达转变。

从当前的情况看，视频化成为一个最新的项目报告的趋势，无论是工程项目、IT项目还是金融项目，其直观、动态及画面感的特点让不同的项目管理从业人员竞相使用。比如需要表达团队最新项目进展，尤其是正在一线为项目的难点艰苦奋斗的情况，用一段经过制作的视频肯定比用文字更真实，更具有感染力，更能将相关方拉入项目的节奏中来。

再比如在日常注意记录好项目团队奋斗的点滴片段，并在某个历史节点制作成视频发布，展示项目团队整个项目推进的历程，可以达到推动项目更快更好地向前发展的作用。

视频化项目报告我们又可分为几类：一是直接将项目PPT制作为视频的形式，并增加一些效果，使得报告受众能清晰阅读；二是通过一些动画软件制作的视频（此类在IT、制造类项目中较为常用）；三是实际拍摄制作出来的视频（此类在工程项目中最为常用）。

当然我们也可以将这几种报告在一个视频里相互结合，尤其是表达项目成果的时候，视频化表达会起到立竿见影的效果。大家可以看到现在一些国家级的新闻媒体报道国家的一些创新成果时也正是运用了这些方式。

除了视频化，随着互联网工具的运用，项目报告也可以在微信、QQ等通信工具上传播。考虑视频制作有其天然的弊端，就是制作素材获取过程烦琐及视频制作工具使用能力要求高（部分组织采用委外制作，虽然快捷但成本较高），所以在微信等实时性较高的传播渠道，视频制作的频率不会太高，继续采用平面方式，比如“一图说”的形式进行报告就非常实用，如图3-2所示，我们称之为“一图读懂……”。一图说的形式不用当面汇报，管理层就可以很清晰地了解项目情况，这种形式的难点在于对需要表达的项目内容如何清晰提炼，保证要点突出，观点明确，表达形式尽量数字化和条理化。

作为项目经理如何利用项目报告，达到推进问题解决的作用，需要不断自我提高和修炼，从而使每一个工具的作用都可以发挥得淋漓尽致。

项目例会

为保证项目的计划顺利实施及项目问题能得到及时解决，项目例会是一个高效的方式。如何开好项目例会呢？

首先我们知道项目经理80%~90%的时间要用在沟通上，沟通是以解决问题为导向的，沟通不只是简单地打电话、发E-Mail。

项目管理的沟通强调计划性，同样可以采用5W1H方法进行计划制订。沟通什么，和谁沟通，什么时间沟通，为什么沟通，怎样沟通，到哪里沟通，使得沟通变得有条理、有目标、有步骤，更好地服务于项目。

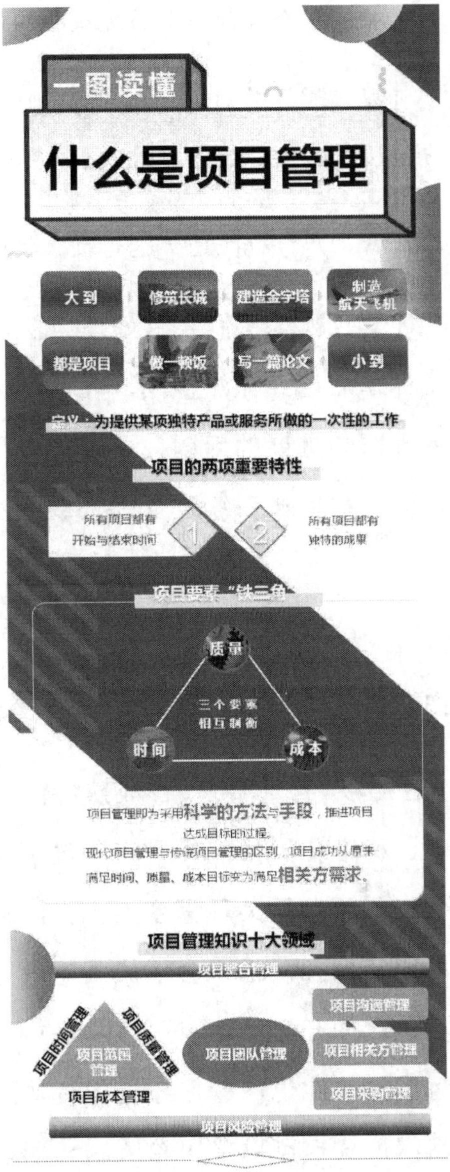

图3–2　一图说示例

项目例会有周例会、月例会，那么例会如何开？例会讲什么？首先例会肯定不是批斗会，例会主要讲三个方面的内容：成果、问题、风险。

成果：成果有哪些？有无值得称道的方法？谁需要被提出来表扬？

问题：项目的目前进展状况如何？和计划相比是否发生了偏差？如果有，什么原因？对策是什么？

风险：下一步计划实施有什么风险？是否已经有预防措施？

对于问题，我们要有处理方法，是要调整计划，还是需要赶工，抑或评估后已经无法挽回，在后续的紧后工作中压缩周期抢回时间。不处理影响进展的问题，可能的原因是已得到项目发起人的认同，或者此问题可以在后续进行弥补或者不是关键路径，不会影响到最终目标达成。

当然直接调整计划也可以，这是最后的方法，也是最快捷的方式，但调整之后的计划如何确定，其实又是一个难点。

在组织内，随着项目成熟度的提升，项目管理的方法论也会被模板化、标准化，虽然在一定程度上使得组织内的每一个项目的流程都是可复制的，但某种程度上也会约束项目管理方法创新。对于项目日常的团队例会，组织会形成固定的方式，其实有很多是可以突破和创新的，比如开会的地点可以从室内换到户外，换个环境开；开会的内容可以从单纯说问题，改为先说周期内的优秀事件然后是问题；例会的组织形式也可以采用轮流制。所以日常的项目管理方式也是可以不断创新的。

单独见一面

单独见一面就是保持项目经理对项目团队各成员的关注，从情感上得到大家的认同。

无论是项目型组织，还是弱矩阵型组织，和团队成员保证在一定周期内见一面是很有必要的。组织内部的项目，物理位置距离不会超过两公里，在这种情况下，我们常会认为大家近乎每天都见面，有时讨论工作、召开项目会议，都可以见到，何必要再搞一个单独见一面。其实这是一个误区，和团队成员见面、沟通交流不仅限于项目工作，也可以是其他方面，而且目的也不只是掌握其工作内容，还有其整体状态、对项目的看法等。

找到一个合适的环境，掌握该成员近期的工作，对近期项目的问题进行沟通，同时展开一些非工作方面的沟通。请注意这样的沟通，不一定是寻找问题的解决方案，而是保证团队成员的密切关系，让其体会项目经理的关心和关注。

项目管理场景小故事

满脸疲惫……一大堆的事情在心头缠绕。

项目经理： 走，我们去会议室聊一下。

项目团队成员： 经理，啥情况啊？

会议桌上有好吃的，放着音乐。

项目经理： 最近好累吧？最近《×××》电影去看了吗？上次那个方案虽然没通过，但其中你提的几点我觉得很有深度……

畅所欲言……

第二天，精神饱满（被关注的感觉真好）。

好好地吃个饭

在中国式的项目管理中，非正式沟通变得越来越重要，对项目有时甚至能起到决定性作用，通过日常的非正式沟通，提升项目团队的凝聚力非常必要。

项目开展过程中总是会有一些外围单位（相对于核心单位，指非核心项目团队成员）的岗位与你的项目弱相关，项目又必须经过该单位该岗位环节，但似乎到不了一起吃饭的程度。同样，日常项目工作中又与他/她打交道，虽然好像很熟，但到交心的程度，感觉总是还差一步。

这些情况我们常遇到，但这些外围人员并非“不重要”，一样需要关注，所以这样的非正式沟通必须要突破，就要勇于跨出这一步，识别出这些人员。比如将某项业务线相关的人一起通过某个触发点，找个“借口”好好吃个饭。可以以项目阶段性顺利完成、某个里程碑完工等作为触发点，一个饭局会将以前虽然很熟但不交心的人，立即拉到可以交心的地步，这是吃饭的魅力。

当然吃饭怎么吃很重要，聊大家感兴趣的话题，最好有助攻，一起协助推进饭局氛围，一唱一和，这样效果更佳。最重要的是在过程中，将对方在此前对项目做出的贡献，哪怕是很小的事情，都可以讲出来，同时提出后续需要继续推进的项目工作，请大家一起努力。

你会发现，一次畅快淋漓的“饭局交流”，可以瞬间拉近大家的距离，有力推进整个团队的战斗力，是一个效果极好的方法。

头脑风暴会如何开

头脑风暴是日常项目沟通、确定方案方向的一个方便方法，对于头脑风暴有一个标准流程，虽然我们已经很熟悉，但还需要再阐述一下。

要有一个组织者启动头脑风暴，并尽可能地实现参与头脑风暴的成员职位层级不要超过两级，领导不能有倾向性的意见，对他人意见不作任何评价。

各自发表完意见后，才开始进行评估。这个时候就要完全放开，鼓励大家进行深究性的评估，发现该意见、方案的风险、可行性。

最终进行聚焦，形成统一的意见。如果无法形成完全统一的意见，可以编制会议备忘录，然后再发出征求意见，这样大家可以在会后有更多的时间去思考，最终达成共识。

以上头脑风暴的流程并不是一个固定的形式，可以优化调整，省略一些步骤，但无论如何变化，重点就是要“风暴”。

项目管理场景小故事

项目发起人： 我们现在开个头脑风暴会，首先我先说一下我对这个问题的看法……

项目推进专员：（主持人）停！不能先提出具有倾向性的观点，大家要共同讨论。

项目团队全体： 我的想法是……我觉得……

慢三秒

沟通也是生产力，而且是强大的生产力，良好的沟通让项目经理的魅力指数上升，在解决问题时能游刃有余。

在项目日常交流沟通过程中，我们需要进行大量的书面沟通，包括关于项目问题的沟通、项目方案的讨论、项目进度的意见等。在发出项目沟通信息前，再次审视一下文件内容，有无措辞不当的地方，有无一些不应该收到的人，其中那些需要重点强调的是否表达清楚了，我们称之为“慢三秒”。保持良好的习惯，让沟通更为顺畅。

日常收到一些措辞激烈的项目沟通信息、批评的项目沟通信息、追究责任的项目沟通信息，不能看到了马上就回复，因为这个时候极有可能带着情绪，应停一停。当然也可以先编好回复的项目沟通信息，一样慢三秒，先处理其他的事情，这样保证你的回复会更理性，更有说服力和专业性。

如果你在时间允许的情况下，对于提供一些项目解决方案、项目分析报告之类的文档，不止慢三秒，尤其对于你匆忙编制出来的文档，哪怕等一小时，你或许都会突然发现还有什么需要完善的地方。

这些都是日常项目管理过程中书面沟通常会碰到的事情。

慢三秒，是将沟通变得更为严谨的方法之一，以保证书面沟通更为有效。

那些烦人的项目相关方

项目推进过程中，总是会遇到对你的项目不感兴趣的人，他/她或者反对你的项目，或者消极怠工，或者“煽动”其他人给项目设置障碍。

项目经理会很困惑，为什么他/她要反对我的项目？可能在某些场合，这些反对的人，表达出了一些对项目的异议，但从这些异议的表面，是无法彻底了解到其内在原因的。从中国式的职场来说，表达出来的可能更多是一些场面话。但如果就此继续下去，势必导致潜在的问题一直存在甚至最终毁灭项目。

对于反对的人，反对的角度无外乎三个方面：其一就是属于专业人员，对项目有不同意见，反对者一般对项目很了解，清晰地知道项目“内情”，可以直戳项目“命门”；其二是不一定了解项目情况，但项目诞生之初或者过程中，感觉到了威胁或者“得罪”了他；其三就是对项目是否了解无关，纯粹出于某种目的，这种目的或许是“不可告人的”“自私的”。

那么问题来了，无论是什么角度，项目经理都得行动，否则会一直困扰项目的发展。

想要知道到底他们在想什么，可以从以下几个方面入手。一是换位思考，假设站在反对者位置，面对这个项目是否你也会作出同样反应；假设我负责项目的这个子工作，我是否也会这样，那要怎么样我才能打消顾虑呢？二是继续强化交流沟通，捕捉其言外之意，特别是对于那些态度反复无常的人。沟通的形式可以多采取面对面的正式交流，也可以通过项目会议进行沟通。三就是通过中间人，在组织里，这是一个常用的方法，对于部分已经对项目认识先入为主的相关方，项目经理可能很难通过直接沟通，获取其“反对”的原因，这时通过中间人与其进行交流就是一个好方法，可能有意外的收获，中间人可能回来说，其实事情是这样的……问题迎刃而解。

对于项目的反对，不一定是全项目过程的，也可能是某个时间段，有时可能就是项目的某个变更。对反对项目的相关方，一定要保持足够的耐心，因为负责这个项目的人，对项目一清二楚，但对于相关方，他/她的日常可能面对无数个你这样的项目。

通过不同方式方法了解，终于掌握问题的根源，就可以研究对策了。如果拿不出对策，那就看是否可以采取迂回之策，绕开这个人，再不行就只能升级到项目发起人了。

项目管理场景小故事

业务单位负责人：这个项目不好，这个项目不行……

项目经理：他为什么总是给我们的项目挑刺呢？搞得氛围很不好，问题到底出在哪里？问他又不说。

项目团队成员：我们也不知道，在每次项目月度会议上，他都挺支持的，但会后常提出这样那样的问题，感觉总是不满。

项目团队成员：要不我们找中间人沟通一下。

中间人与相关方沟通，之后中间人与沟通……

项目经理：哦，原来如此，那这个问题是可以解决的。

对于一直对项目有“意见”的相关方，无论是什么角度，项目经理都得行动，否则会一直困扰项目发展，中间人方法就是一个好办法。

项目管理小贴士：项目问题的情景沟通

项目经理在与相关方沟通过程中，由于各自对专业的理解差异及项目管理专业知识基础差异，容易形成沟通障碍。这时，实物法或者情境法就成了一个解决问题的好路径。例如，你要表达一些项目中遇到的专业问题，你在相关方面前手舞足蹈地解释项目的难度、为什么项目延误，还不如直接将实物展示在相关方面前，甚至请相关方直接触碰，操作项目输出，这样沟通就变得很简单了。

4

在风险管理上投入更多的时间

风险管理步骤

在项目管理中，最难的是两点，一是知识管理，二是风险管理。知识管理，需要有需求评估，知识采集、分类，评价，应用和激励，有较强的指向性；而风险管理则需要经验积累，“预知未来”的水平，这就很有难度，但也不是无方法可循。

项目风险管理的步骤，第一步是识别风险，确定项目有什么风险及这些风险的来源；第二步是确定风险应对策略，对风险进行分析，包括风险的影响、风险发生的概率，确定风险应对计划；第三步是进行风险控制，实施风险管理计划，并在过程中持续更新风险计划。以上步骤是持续的，不间断的。

识别风险通用的方法有头脑风暴法、依据风险清单（风险档案）、查找类似项目风险等。风险管理提供了非常多的工具，如RPN（Risk Priority Number，风险优先数）分析、蒙特卡罗模拟等，但对于一个全新项目，总是有很多未知，如在日常项目推进过程中，发现风险比问题还多的时候，这个项目也已步入十分危险的境地了。

风险难在控制，项目风险控制要放在日常管理中。实际项目例会我们常习惯性只讨论问题，而忽略风险。风险是还未发生的问题，在项目日常例会中，需要将风险控制放在其中，风险控制的完善很大程度上决定着项目的成败。

项目风险控制单纯靠经验是靠不住的，项目经理的精力有限，导致总是会遗漏风险项。风险控制如要达到事半功倍的效果，就必须要做好风险计划。例如在项目中，我们常碰到资源风险，在项目方案阶段识别出来后，将风险应对措施写成计划，这样就成为一个按流程控制的依据。在多项目情况下，资源冲突更为明显，可以在资源使用阶段前就掌握各方在此阶段的资源需求，做好预案。

项目管理场景小故事

要结婚了，婚宴就是一个项目，有什么风险问题呢？团队一起出谋划策。

项目经理：婚宴开席之后，很多人很快吃完就走了，等新人敬完酒，现场就很冷清了，大家有什么办法吗？

项目团队成员：嗯，这其实是一个项目风险，我们需要分析一下，做好风险对策……

团队成员进行分析讨论，确定对策，在婚宴现场……

主持人：各位来宾，晚宴结束后，新人会在大门恭送各位，并送出神秘礼物。

（婚宴结束）所有人排队领取礼物。

新娘：这个风险对策好，这样大家都不会着急走，既保证了气氛，又让大家很开心。项目管理无处不在，风险管理尤为重要。

风险清单

从某种意义上说，项目管理也是风险管理，风险管理的方法就是为了更好地对抗项目中的不确定性，让项目管理更好地实现项目目标。风险管理不仅是一个工具，更是一种意识。

首先在项目团队内要形成强烈的风险管理理念，对每一项工作都能风险化，即所谓忧患意识。风险考虑得越严密，项目实施起来效率自然越高。

对于风险管理，大家都知道分三步走，即风险识别、风险对策、风险控制，并不断地循环。

在具体的执行过程中，对于一般组织内，项目之间总还是有一定的相似性，完全不同、独立的项目还是较少的，所以风险清单是一个很好的解决方案。

风险清单可以从项目的全生命周期入手，从启动到结束，对每个阶段同类项目发生过的问题进行总结提炼，同类项目发生过的问题就是将来开展项目的风险。

风险清单信息类别分为两个方面，一是专业类风险，二是流程管理风险。清单的表头属性可以包括几个方面：工序名称、常见问题、问题对策、项目环境。项目环境非常重要，指的是问题发生时的项目环境，因为项目总体类似，但周围的环境会变化，要说明此风险发生前期的项目环境，比如组织环境、项目资源环境、项目外围的市场环境等。新的项目参照时依据项目环境变化做出调整。

风险清单具有专有特色，即里面提到的风险只能在此类项目中适用，其他类项目可能就不适用了。我们可以在项目开始时通过获取同类项目的风险清单，形成本项目的清单，对每个风险建立风险程度评估，输入RPN值，并作为项目章程的一部分。

如何在过程中控制风险，要做到在项目开展过程中，定期对风险进行分析并商量对策，保持项目风险清单更新的及时性。对于常规的项目，每次项目结束后将本次项目问题的总结，作为下一个项目的风险清单目录，这样良性循环，可以使得风险全面受控。

项目管理场景小故事

项目团队成员：第一次做这个项目，将来可能发生什么问题，完全没谱啊！

项目经理：看这个（亮出项目风险清单）。

项目团队成员：这是什么？项目风险清单！哇，类似项目掉进过的坑，这里都有。

项目经理：以前类似项目发生过的问题，就是现在项目将来可能发生的风险。

日志的魅力

无论是初入职场的“菜鸟”还是职场“老鸟”，总是会碰到项目问题。这些问题无论大小，横在项目推进的路上，解决掉不一定麻烦，但总是会干扰项目实现过程。

无论解决过程如何，做好问题日志就是一个很好的方法。日志起源于IT行业，尤其是对程序管理，日志是必备的。但日志又考验我们的自律和坚持，日志其实是一个自我总结的过程，问题发生之后将过程记录下来，存档起来。

比如每天下班前，将问题清单化，问题名称、问题类型、问题描述、问题解决方法、解决周期、难点等一一列出，日积月累，就会掌握庞大的问题素材库，会涉及与上级的沟通问题、团队问题、日常低级错误、“救火”行动等。当然不仅是记录问题，同样可以将项目中优秀的地方也记录下来。

总结总是有益的，它对能力的提升是非常有帮助的，厚积薄发，时间一长，自己将来再掉的坑就越来越少。

对于项目集管理，项目管理达到一定的成熟度之后，对项目进行分类，以采用不同的管理流程进行推进，提高管理效率。虽然项目类型不同，但每一个项目在日常管理过程中都会产生大量的痕迹，这些痕迹可能是问题，也可能只是一个记录。项目日志就是将这些痕迹有效地保存下来，为项目阶段性推进、项目例会提供素材，也可以在项目进行组织过程资产总结时发挥作用。

项目日志应该怎么记录，怎么才能保证日志可用性，值得探讨。通常我们采用的最原始的方式是将项目日常中的会议记录、E-Mail、项目报告、异常反馈等以备忘录形式打包放置，在项目结束的时候进行归纳总结，但这个方法往往最后变成大海捞针，难以检索。

项目日志的记录和归档，可以按照几个维度进行归集，首先是项目管理的专业领域（比如项目进度管理、项目风险管理、项目相关方管理等），其次是项目的专业领域（比如IT项目，软件、硬件、调试等），再次可以是项目生命周期（比如启动阶段、计划阶段、实施阶段、收尾阶段）。

维度确定后，可以进行更细的颗粒度的工作，制作日志明细表，要素包括日期、事件描述、处理人、处理结果、影响范围等（见表4-1），这些记录要素可以依据实际情况调整，最终的目的是进行条目化，并进入信息系统。这样就可以建立一定的数据分析模型，将历史日志按照一定的逻辑自动生成分析报表，制作项目总结报告进行分析，提供项目决策支持，为后续项目更顺利地执行，进行项目流程和制度优化。

表4-1　问题日志

日期	事件描述	处理人	处理结果	影响范围

“救火”英雄

社会的发展，同样带来项目的快节奏。项目难度大、周期短、质量要求高成为一个常态，一旦项目团队没有足够的技术积累、项目管理成熟度及风险预防策略，就会导致项目过程“火灾”不断。

在项目中，发生“火灾”并不可怕，问题在于“火灾”发生时，大家的焦点其实已经不是为什么发生“火灾”，而是怎么“灭火”，加班加点，赶工，加派人手，最后一搏，赶在最后一刻前把项目问题搞定。

当然这样的“救火”事件，也能很好地锤炼项目团队的战斗力，并能让管理层感受到这个团队实实在在的问题解决实力。

所以，最后的结果出现了，团队得到表彰。这样就给了项目团队一个错误的信号：“救火”有功。然后大家继续忙别的去了，而忽略反思项目管理存在的问题：为什么总是“救火”？

项目经理在同一周期内负责多个项目是完全可能的，项目中会碰到很多问题。但“救火”很容易成为一个常态，且“灭火”之后，还会得到上级的认同，这样也使得项目团队缺少反思，那“火灾”隐患就一直存在。

正确的做法就是每次“救火”之后，除了论功行赏，同时应思考问题发生的根源，并做好风险档案，进入项目风险档案库，并发布到全组织的各项目团队以规避类似风险。

项目管理场景小故事

全体项目团队成员：“着火”了，“着火”了！

项目经理：不用怕，让我们团结一致，把“火”灭了！

高层： 你们项目团队战斗力强大，把“火”灭了，项目按时交付了。

全体项目团队成员：（信心满满）下次再“着火”，我们也一定能搞定。

项目继续到处“着火”，项目团队到处“灭火”，组织为此付出大量资源进行兜底。

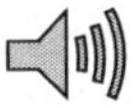

每次“救火”之后，除了论功行赏，同时应思考问题发生的根源，并做好风险档案。

“老是”“又”是好东西

解决共性问题是我们在项目集管理过程中最想做的事，但如何获取共性问题，特别是在日常项目管理中如何识别出哪些是共性问题。

在项目推进过程中，问题不断，异常不断，这是常有的事，但在以技术型著称的项目团队里面，这些并不会被在意，从而很容易落入周而复始的“救火”循环中。

同类问题在这个团队发生了，在另外一个团队还会发生，只是发生的时间不同罢了。如果多留意，你就会发现，有时项目团队成员会不自觉地表达出来，“这个问题怎么又来了”“怎么老是这个问题”等的感叹，这个时候，其实就是在传递这个问题其实一直在发生，就不能有下不为例的心态，只是搞定这次再说，否则这个问题就会下次再出现。

一旦发生这样的情况，如果要解决共性问题，就要敏感地察觉到，这是共性问题了，问题就是宝藏，就是进行项目管理提升的机会。可以通过分析这些“老是、又”的相关问题建立一些流程再造的项目、信息化的项目等，成为组织内部管理升级的载体。

项目管理场景小故事

掉到一个“坑”里面。

项目团队成员：我们怎么又掉“坑”里了？

项目团队成员：你们怎么老是掉到这个“坑”里？

“老是”“又”，其实就是说明这个“坑”是共性问题了，要进行分析解决了。

项目推进专员：“坑”终于填上了，其他项目不会再掉里面了。

置之死地而后生

在职能式的组织形式中推进项目，跨职能部门的项目推进是步履维艰的，特别是遇到资源问题的时候，项目经理在微权力下，有可能已经动用了各种方法，并请求组织支持，都无法突破部门墙。毕竟在多项目情况下，组织有侧重，项目无法得到第一手的支持，这确实让人痛苦不已。

置之死地而后生，其实是一个很悲壮的方法，如同攻城略地，无法突破城池，呼叫救援又来不了，参谋部说：目前兵力要投入主战场，你这里要等等。如真遇到此问题，那只有暂且退让一城，而后再反击。

假设你的项目客户明天就来进行首次验收，客户必须见到项目输出，但你已无力回天，那就让客户来，客户来了见不到交付成果，势必会对项目的执行力及后续能否按时交付提出质疑，这样就会带来一系列的连锁反应，甚至会影响到组织内核心相关方。项目经理可能会受点“皮肉之痛”，但对后面扫清项目的阻碍，打通资源线还是有帮助的，无论是资源支持单位还是项目团队，为了挽回败局，势必会有所投入。

当然使用这个方法，要做好准备应对随之可能带来的问题，避免过犹不及。

项目管理场景小故事

客户要过来现场验收项目样品，关系到后续合同的执行，但由于组织资源冲突无法按时交付。

项目团队成员：经理，我们A项目的样品做不出来，已经协调过资源单位并上报老板了，还是搞不定，三天后客户就来了，是否要和客户沟通推迟一下进度？

项目经理：客户已经提了几次来现场验收，现在其他项目抢占了我们的资源，导致我们延误了。不能推迟了，通知客户，就说我们在全力赶制，一定满足要求。

三天后，客户抵达，没看到样品，投诉到组织高层，组织要求资源单位立即调整，保证A项目在两天内完成样品制作。

项目团队成员： 经理，样品做出来，而且后续会保证我们的资源，但是要下调您的项目绩效。

项目经理： 没问题，我可以承受，项目进度不受影响才是关键。

置之死地而后生属于险招，要分析好利弊，尤其是实施后可能要面对的风险。

连锁反应（蝴蝶效应）风险

项目管理的问题推进，涉及跨部门协助时，我们往往会与该工作的第一负责人沟通，而会忽略触动第一负责人可能带来的连带影响。

例如你的项目在推进过程中需要与A单位进行工作落实，你会联系该工作的具体负责人，该负责人接到需求后，因为需要动用资源，对本部门的其他工作产生影响，就会向其上级汇报。

其上级分析后，该工作使用的资源又与B单位有关联关系，所以又需要确认与之关联的工作，B单位的人员又需要再确认，而此时如果B单位职能部门对该工作并不支持，或者你未能有效沟通，问题可能就会卡在此处，无法往下走，甚至杳无音信。

这样的连锁反应风险，其实是包含在项目管理过程的关联分析中，解决此问题可以采用思维导图的方式，分析好此问题可能关联的相关方。进行问题推进时，做好并联推进，或者采用各个击破的方式。

项目管理场景小故事

项目经理：我们的产品下月进行阶段联调，需要借用一下你们的分析仪器。

项目推进专员：这个问题要确认一下，目前正在使用，下月可能还不回来。

业务单位负责人：可以借，已经跟我沟通过了，我们可以错开时间，先给他们用。

提前识别问题推进时会带来的连锁反应，提前做好应对，让路走得更顺利。

制造项目管理的矛盾

记得以前看到一部影视剧，历史背景是抗日战争时期，当时日军想从东南亚进入云南，对中国形成合围，切断我们的供给线，中国军队靠怒江之险挡住日军。时间一长，附近城里的居民就开始放松警惕，士气松散。故事的主人公发现有日军小队悄悄渡过江，就故意放走一部分日军，导致全城惶恐，使得人们一改往日作风，大家枕戈待旦。

联想到项目推进过程中，是否也会出现这种情况，总说“狼来了”，但“狼”一直没有出现，团队开始享受片刻的安逸。其实项目推进过程中随时会出现问题，导致项目进度受阻。

在这样一个状态下，为了解决这个问题，主动制造一些项目管理中的矛盾，未必是坏事，比如制造团队中某些适度的冲突、让部分团队成员承受一些更大的压力。在可控的范围内，使得项目团队在关键时刻能集中注意力，保持战斗状态，使得项目推进更高效。

常用的具体方法包括：设立战斗室，采用倒计时牌的形式警醒大家；主动提高邀请甲方进行实地考察的频度，让团队感受压力；与项目发起人的汇报及材料准备开始更多地由团队成员负责；组织项目巡逻队，建立相互监督机制。

运用这些方法，目的就是促进项目团队的战斗敏感性，避免因长时间处于项目的冲刺阶段，团队成员反而失去工作的方向和动力。

项目管理场景小故事

A项目是一个攻坚项目，周期长、难度大，进入项目实施关键阶段，项目问题虽然不断，但大家一直在解决，项目在往前走，处于一种胶着状态。

项目经理： 我们产品的用户体验功能逻辑出现一个比较严重的BUG，需要赶紧改进一下。

项目团队成员： 没什么，已经见怪不怪了，一直都在解决中。

项目经理： 我们产品的界面显示联调不通过，需要推进解决一下。

项目团队成员：没什么，已经做了几个版本，继续改就是了。

项目经理：（大家的状态不对啊，好像有点麻木了）下次项目会议，我们邀请市场需求业务代表××参加。

项目团队成员：他是最喜欢挑刺的，大家都很不喜欢他。

项目经理：就是要这样，而且他提的都是我们容易忽略的问题。

项目会议上。

市场需求业务代表××：客户的几个需求你们没满足，你们的进度太慢了，客户提的问题到现在都没关闭……

市场需求业务代表××指出很多尖锐问题，项目团队在项目会议上被泼了冷水，项目经理以此为契机，重整团队状态。

项目中遇到“狼来了”的问题，要通过一些措施，刺激项目团队的注意力和战斗状态。

项目管理小贴士1：偶尔突破直线思维

有时候我们碰到一个项目问题，觉得怎么做都不可能搞定。比如我们要完成一个任务，有两个人要从大连出发去北京天安门，一个人坐飞机，一个人走路，项目要求两个人抵达天安门后分别与天安门合影，一周内完成。那么走路的那个人就会成为瓶颈，即使跑步也无法搞定，这时我们会想这个问题不会有办法，什么方案都不行的，能做的只有放弃。

那是我们的直线思维，因为我们一直想到的是前提不变，人走路是不可能一周内到达北京的。但是如果我们将任务变为只需要一个人抵达北京天安门照个相即表示完成，走路那个人不用去了，那问题就迎刃而解了。所以我们就应该想办法如何将项目任务变为只需要坐飞机那个人去北京拍个照即可。解决问题就变成：如何想办法调整任务要求，调整项目范围。项目管理面对无解问题，有时突破直线思维或许能迎刃而解。

项目管理小贴士2：温水煮青蛙

和生活一样，项目也容易形成温水煮青蛙的局面。例如，在推进某个项目时，项目有一定的时间跨度，跨度较长。虽然项目一切都在有条不紊地进行中，也偶尔会有异常，但一切都在往前走，这个时候就会形成一个平衡状态，容易让人失去危机感和全局观，即边界条件已确定，虽然边界内会有不稳定，但不会超过边界。

一旦这种状态持续过久，会使得团队的应变能力下降，如果突遇瓶颈，团队将会措手不及。

5

如何满足相关方的需求

项目相关方登记册

项目成功的关键是让项目相关方满意，识别相关方之后，要制作相关方登记册，作为项目经理进行相关方管理的基本文件。相关方登记册制作的专业性、详细程度及针对性，将直接影响到后续相关方管理效果。但同时要注意，该文件是不能公开的。

常规意义上，相关方登记册的信息包括项目角色、基本信息、项目作用、项目需求、项目影响等。

- 项目角色即在项目当中承担的角色，包括项目发起人、项目经理、客户、项目小组、资源支持人、职能单位联络人；
- 基本信息为相关方的姓名、职位、联系方式、爱好、性格特点；
- 项目作用是能给项目带来什么，包括对项目的权力；
- 项目需求是指相关方从项目中能得到什么，是物质上的、荣誉认同或者技能提升；
- 项目影响是指相关方对项目的态度，对项目是支持还是反对。

针对不同的对项目影响的程度，依据相关方的利益矩阵，常分为四个层次，包括重点管理、随时告知、令其满意及监督。

完成相关方登记册，只是对相关方管理的第一步，在项目管理过程中要进一步地细化，依据项目阶段不同而细化相关方登记册，因为以上提到的项目作用、项目需求及项目影响都可能因项目阶段不同而发生改变，比如在项目启动阶段，某相关方可能支持项目的力度会大，但到了项目中期需要其提供更多的资源时，又可能会出现反对的情况。同样，项目相关方的需求也会随着阶段变化而变化，相关方对项目整体有一定需求，在不同阶段也会不同。

分阶段制作相关方登记册，是一个很好的思路，可以从项目启动、项目计划、项目实施、项目收尾，全生命周期进行确定。

确定好相关方的相关信息后，识别哪些是关键的项目相关方、哪些是对项目资源有决定权的人、哪些是直接影响者、哪些是间接影响者，据此确定总体对策，对相关方进行管理优先级排序及确定管理方法。

相关方有哪些

项目成功的关键是让项目相关方满意。其中在项目日常管理过程中，最常接触的就是项目团队成员和管理团队。做项目，人脉非常重要，其实就是相关方管理，无论是跨部门事务的协调解决，还是团队资源问题，都需要足够的相关方支持。那我们常遇到相关方有哪些呢？

◎项目团队成员

项目团队成员是项目核心相关方之一，其和项目的关系最为密切，与项目的成功也息息相关。让项目团队成员有集体荣誉感尤其重要，这种归属感，要从项目启动开始，项目启动会上团队成员的相互认识相处融洽，对后期作用很大，可以让大家制作个人简介在项目团队群当中发布，也可以参考项目管理工具——相关方登记册的部分内容，包括照片、履历及兴趣爱好等。

这些只是软管理，在实际执行过程中，有几点可以使用：一是以身作则，二是要有激励措施，三是树立团队楷模标杆。以身作则过程中，要给予团队成员指导，而不仅仅是安排任务。通过工作分解结构，做好团队成员的分工，在执行过程中，不断分析各团队成员的任务量，不能仅仅靠谁能干谁就任务多的做法来进行任务分配，主动和团队成员沟通永远是最好的解决之道。

◎管理团队

这个相关方群体，包括管理层、上级领导及客户等。从相关方职权上来说，他们有较高的职权级别，所以主动汇报非常关键。而如何报告、报告内容及报告的频度和时间，这些是可以通过沟通来获得的，掌握管理团队对此项目的需求，即他们希望从中得到什么。

不同管理层对项目的期望值会不同，而此时需要更加认真地细化需求，从中找到共同点和不同点，并进行管理。

让管理团队重视项目，认为此项目是值得投入资源的，就需要项目经理对项目进行“宣传”，阐述其价值，尤其与管理团队需求的匹配性。

这些相关方，是很容易识别的，但项目管理过程中还有许多无法快速识别出来的相关方，可能在项目全过程或者在某个阶段影响项目，问题在于如何知道呢？其实我们可以简单从两个角度来识别这些隐藏的相关方，一是正面的，一是负面的，因为相关方带来的影响无外乎这两个方面：正面就是促进项目向好发展，负面就是阻碍项目进展。负面的影响势必会导致项目在进度、成本或者质量方面受到影响，一旦出现这种情况，可以进行分析了解，看造成负面影响的人来自哪里，迅速将其纳入相关方管理范畴。

你真的了解上级需要什么吗

项目管理中有一个方法叫向上管理，其实就是做好和领导的沟通，明确上级的需求，利用好上级这个资源，解决项目问题。

但需求不明确，不知道上级到底要什么，其他任何工作都将事倍功半，甚至无法实施。上级需求一定要弄到明确为止。

我们常将项目目标与上级的需求直接画等号。项目过程目标，我们常觉得很清楚，但真的清楚吗？不一定，我们常会将项目目标理解为时间、质量和成本的定量要求（见图5-1），但事实上项目目标远比这三项复杂，不仅是“铁三角”，而且包括关键相关方的需求，也是项目目标，但他们的需求不是可以完全量化的，这点需要项目经理对项目的敏感性。

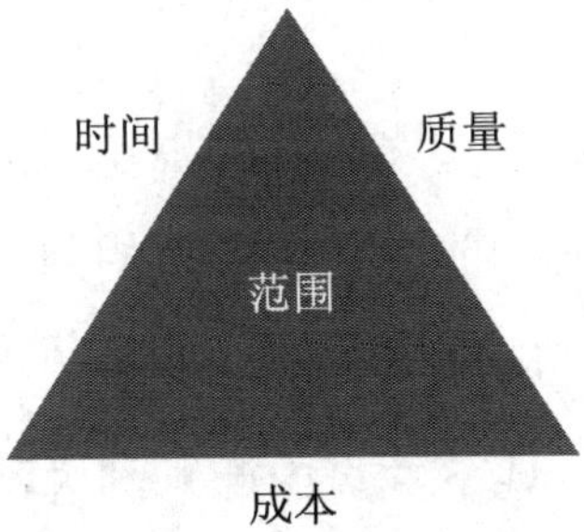

图5-1 项目目标“铁三角”

上级安排一个重要项目给你，目标明确，也就是时间、要求、成本三项。虽然你按时按质完成了，但好像并没有得到太多的认可，反应平淡无奇，甚至还会出现上级不悦的情况。

这里要提出一个词叫“潜在需求”。如何了解上级的潜在需求？首先可以问题为导向，思考我们做这个项目到底是为了解决什么问题。其次是背景法，思考我们的项目背景到底是什么，背景指的是项目的来源，可以很好地引导识别潜在需求。

以上两个方法还是不够的，只能作为识别潜在需求的铺垫，一般潜在需求是无法直接获取的。大部分情况下，上级在布置项目的时候也不会告诉你，这需要通过经验的积累，熟知项目环境、各相关方性格特点等来识别。例如一个项目是面子工程，那宣传就要做足，而不仅是按时按质完成目标。

潜在需求的识别需要历练，当形成了在某个组织环境的熟练方法，会使得我们项目的方向更准确无误。

“不重要”的相关方很重要

在组织做项目，相关方管理很重要。我们常在电视上看到这么一幕：我党地下党员被追捕，前面是一个死胡同，后面有特务，结果在关键时候，旁边一个扫地的阿姨说，同志请这边走，打开一个不知名的家具，里面暗藏着一个洞，地下党员由此顺利脱险。这就是群众基础，这就是平时注意相关方的管理。

在项目中，总是会有一些我们认为不太重要的角色，他们负责的任务量很小，小到微不足道，或者只是项目中很小的一个分支，不在关键路径上。从项目启动到项目开展，我们甚至只是打了一个电话，连面都没见过，或者此相关方只是在项目启动会来了一下，然后项目有条不紊地进行着，你甚至把这个相关方忘记了。但当项目阶段进行到涉及这个相关方负责的任务，这个任务的完成是其他任务的前驱的时候，你可能突然发现，他负责的工作已经延误很久，并成为关键路径了，甚至拖了整个项目的后腿。

为什么？因为此项工作可能仅仅是他/她诸多工作中其中的一项，因为你没有关注，也没有与他的上级进行沟通，这项工作被遗忘了。

所以要保证与这些工作的负责人，都能在定期内见一次，讲清楚项目要求、进度要求，并得到对方的认可和承诺。对他们开展任务提出的问题，应一起分析，必要时从他们的上级那里寻求帮助。

项目过程中的项目例会，他们也必须被通知到，并尽可能地请到他们。为保证信息畅通，要确保项目报告他们也能收到，这样才可能保证信息不遗漏，他们也有被重视感。

项目管理场景小故事

项目团队成员： XXX是项目管理文员，负责项目实施阶段的文档整理工作。

项目经理： 可以列为非关键重要相关方，不用管理。

项目团队成员： 我们要向项目发起人进行汇报，需要将文档编撰成册，可是文员被调走了。

项目经理： 怎么回事？

项目团队成员： 因为我们对她缺少管理，她认为自己在项目中已经不重要了，就申请调走了。

“不重要”的相关方很重要，哪怕是一个文员。

念念不忘，必有回响

“念念不忘，必有回响”，这是一句很有诗意的词，应用到工作实际中，意即坚持你的理想，终会有所收获。将这句话用到项目管理中，一样很有意义。

在面对项目管理的纷繁复杂活动的时候，人很容易失去毅力，并变得烦躁。这句话所阐述的理念就是对某件事情，一直惦记着，并付诸行动，终究会有所收获。

项目过程非常强调工作热情，热情可以表现为对某件事情坚持不懈、艰苦奋斗、不怕麻烦的态度，和团队成员一起奋战，以身作则，等等。对项目的热情会感动身边的人，并在你需要的时候给予你帮助。

尤其对于项目经理，个人魅力就可以通过这样的坚持，这样的工作热情来积累，获得团队成员的支持和认同。

项目管理场景小故事

项目经理蹲在地上查看产品故障，太阳暴晒，技术工程师们在一起围着看。

项目团队成员：项目经理已经在太阳底下蹲了1小时了。

项目团队成员：好拼啊，昨天晚上，为了找到故障问题，他还在作战室分析搞到凌晨2点。

全体项目团队成员：项目经理的这种坚持不懈的精神好让人感动啊！

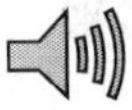

项目经理的个人的魅力可以通过坚持、工作热情来积累，获得团队成员的支持和认同。

迂回之策

你有一个好的想法，是一个很好的项目，比如新的项目管理流程、项目管理的工具，想在组织内进行推广和实施，但要在组织内实施必须得到组织相关方的同意，得到组织职能单位领导或者高层的支持，但往往事与愿违，好事多磨，收不到好的效果。因为在你所推荐的事情可能并不是他们目前最着急的。即便我们阐述清楚了这个项目的必要性、可行性和意义，也不能打动对方，最后的结果是对方回答：好的，我再考虑一下。

这个时候，如果你确实非常希望能尽快启动这个项目，而且对组织的提升很有帮助，那可以采取迂回之策。

首先我们应该分析这个项目的受益人是谁。思考你所竭力推荐的方法、制度或者工具，是要解决什么问题，历史上发生过哪些相关案例，最重要的是这个问题直接的相关方是谁，属于哪个群体（尤其是基层人员，实际受益者）。这个项目解决的问题是否是他们的痛点，他们曾经为此付出过什么惨痛的代价。如果有，我们就识别出来，进一步地了解他们面对的问题，可以小范围地与这个群体的部分人员进行问题解决推进，用我们的方法、制度或者工具，让他们感受到项目实施带来的帮助。

再者，需要推动受益群体通过不同的渠道去反映问题的严重性，问题对项目工作影响的严重性。可以在内部的项目例会上反映，甚至在由他们发起的项目协调会上谈起问题的严重性，或者在与上级不经意碰面的抱怨中，将问题产生的影响面和影响力扩大，为项目推进做铺垫。

通过以上方法，在组织内营造“山雨欲来风满楼”的问题氛围，直至信息传递到决策者，这个时候你再提出此项目，就可以提高落地的胜算率了，因为同时满足了项目支持者和项目核心相关方的需求。

软着陆

“软着陆”是经济学中的内容，从字面即可知道其意思，就是采取一些安全措施，以达到金融领域安全稳定的目的。

在项目管理中同样也如此，项目管理过程中会遇到对项目基准产生严重影响的问题，问题可能还未发生，也可能不一定发生，但有风险，这些问题大部分情况下是可以提前知道的。

作为项目经理，应通过各种方式、途径，提前让项目发起人、项目核心支持者掌握和了解即将到来的重大风险，并了解和分析其心理预期，并针对性地做出相应的工作。

如项目遇到重大资源瓶颈，受客观原因影响，已经无法挽回，一旦项目到了某个关口验收点，问题就会彻底暴露出来，势必是一个炸弹，彻底让项目相关方无法接受，造成恶劣影响。针对这样的情况，此前要将可能引发的风险通过项目报告、面对面的沟通等方式，全面告知相关方，并对即将带来的对项目的影响和可能产生的后果进行阐述，同时项目团队要继续进行各种努力并告知项目发起人。如果条件允许，可以促使项目发起人等参与到问题推进当中来。

这些工作是持续的，即不断地增加软着陆的铺垫，直到问题发生那天，最终达到的效果是：发起人和核心支持者在遇到此问题时，已经是“我知道了”的状态，一切就“软着陆”了。

总的来说，核心的方法就是提前进行项目汇报，主动暴露问题，自我否定，表明已经尽力做好准备，以及尽可能邀请发起人一起参与解决困难。

项目管理场景小故事

项目团队通过分析，项目的第二个关卡有80%是无法按时完成了。

项目经理：（向高层汇报）老板，近期资源严重缺乏，进度已经慢了1/3。我们已经连续奋战一周了，还是无法扭转。这是项目的最新报告（报告显示项目将延误）。

老板知道项目遇到瓶颈，经过项目团队作战室，看到团队成员正在酣战，一直到晚上11点……

项目节点到了，需要申请变更流程，老板快速签字了，只说了一句：我知道了，同意变更，注意和客户做好沟通……

项目需要什么样的收尾

项目完成并输出项目成果，是否代表项目已经结束，并可以解散项目团队？答案是否定的，项目收尾也应该成为项目全周期的重要节点。

任何项目都应有一个被认真对待的收尾，至少有三件事情应该做：一是对项目过程绩效、最终目标的达成情况，形成最终的项目结案总结呈递各相关方；二是对团队成员的激励；三是项目文档的归档。

项目经理在组织做项目，合作的人员会有重复性，会与同一批项目团队成员完成不同项目，基于此，一个好的收尾就显得十分重要。

比如组织一次大型的内训，从需求调研到最后培训结束，是否就全部结束了，然后大家就解散，甚至连坐下来好好地分享一下感受的机会都没有。这肯定是不够的。

首先，需对我们课后的反馈、课程中间的互动情况等这些过程绩效进行分析总结，然后对最终的满意度调查进行分析，最终形成项目总结，对内训项目有一个完整的针对全体相关方的报告，宣告这个项目的完美结束。这个通报在发布前，应该经过项目发起人、甲方的确认，确认项目已经实现项目之初定下的目标。

其次，要召开正式的表彰会，当然如果实际情况不允许，也可以是小型的，对整个内训过程的不同贡献人员给予正式的奖励或者表扬，这一点非常重要。

最后，是将各类内训过程的组织过程资产归档。

一次有意义的合作

项目团队中有一些关键人员，他们负责项目很多具体的核心工作，在关键路径上发挥着重要作用，作为项目经理需要他们全力支持。

在项目初始阶段，项目经理还没有与其建立强大的合作关系，如何打破这一局面，并能让大多数关键人员逐步融入，认同项目经理的风格和行动呢？

可以通过一次有意义的合作开始。比如在项目某个关键活动遇到阻碍的时候——恰好此活动涉及的领域项目经理擅长，且问题经过评估可以解决的——项目经理可以在项目例会提出：这个活动很关键，它是否按时完成，关系着项目的最终交付时间，我会和负责人一起去现场看看。

在整个问题的解决过程中，一方面项目经理提出中肯的解决建议，与负责人一起讨论一起分析，深入现场，同时应由负责人发挥更多的作用，让其履行其职责和展示专业技能。问题解决后，在项目例会和项目通报上去讲述和描述这些解决过程，并对负责人的专业性和负责的态度给予肯定。这样一次有意义的合作，会成为典范，在团队内形成很好的向心力。其他关键人员，也会因此而开始很好地与项目经理合作。

项目管理场景小故事

在某个工程现场，烈日当空。

项目经理：来，我们来把这个机器装起来，看看这个控制系统是否有问题。

业务单位负责人：好的。

项目经理：看来问题不在装备。

业务单位负责人：是的，已经试过几次了。

项目经理：我们一起试一下能否将×××更换一下。

……

最后问题解决，击掌相庆。

这种“共患难”的经历，是进一步促进团队凝聚力的关键，并能在团队内有效传播。

这个项目跟我有什么关系

通过不断强调项目的重要性，来引导和促进项目团队成员对项目的认同和支持，是项目经理、组织常用的方法。

一个重要的项目，对谁重要，是相对的，项目经理在推进项目时，会出现疑问：这个项目这么重要，为什么相关方还不重视。

首先我们来看看，普遍可以挖掘重要性的角度，这也是目前各行业均会涉及的通用项目类型。

（1）组织流程变革。

（2）新的产品或服务领域。

（3）专业领域突破。

（4）组织战略项目。

（5）客户定制服务或者产品。

（6）服务或者产品迭代。

通过这些我们可以看出，这些项目都很重要，但问题来了，对于参与项目的成员来说，重要吗？我们在项目启动会的时候，会强调项目的重要性，以便得到相关方、项目团队的支持；但事实上，当我们在启动会上慷慨激昂地表达项目的重要性时，其实作为项目团队成员，他们思考的，不仅是项目的愿景，而更多的是：这个项目和我有什么关系，每个项目都很重要，都需要我的支持，然后呢？我能得到什么？

项目价值不仅是阐述对组织有什么用，为什么要做这个项目，更要阐述对业务单位、团队个人、核心相关方的价值。应在启动会或沟通前主动去了解团队成员的潜在需求。

对相关方的价值，如果不适合在项目启动会上阐述，那就要在启动会后，专门与相关方进行沟通接洽，说明项目对他们的价值，说明项目能满足他们的哪些期望。对他们的价值一定要讲清楚、讲透彻，即如果这个项目最终成功了，对于团队成员能通过做这个项目得到什么，是物质奖励还是成长机会，抑或能更多地得到上级的认可？这样就在一开始真正达成了价值认同，而不是仅仅喊口号。

最后通过项目启动会获得团队成员的有力支持及对项目的承诺，他们自然就能更多地投入项目。

项目管理场景小故事

项目会议上，项目经理慷慨激昂地演讲，大谈项目的价值。

项目经理： 这是一个战略项目，能为这个项目贡献力量我感到光荣，我相信大家也是这样。

全体项目团队成员：（无精打采）确实很重要，但和我有什么关系呢？

项目价值的阐述，不仅要阐述其宏观的价值，对组织的价值，而且要阐述带给个人的价值。

项目管理小贴士1：该不该艰苦奋斗

这个创新的年代，艰苦奋斗不会过时，将它作为项目管理的方法也不为过，也是一个优秀品质，任何一个具备潜力和创新的项目，都会遇到艰难的时刻，瓶颈点一直无法解决、超期风险步步紧逼等，让你在过程中无所适从，要不断加班加点，烦恼不断。

艰苦奋斗，应该成为一个习惯，以身作则，表现出冲劲和魄力。

艰苦奋斗很多时候不是一句口号，不是为了艰苦奋斗而艰苦奋斗，是组织当前的能力无法支持工作按照正常的节奏完成，才导致需要一股精神。比如因为资源不足，项目在最后阶段要冲刺，就要搏斗；又比如技术储备不足，才导致需要反复验证。

所以需要艰苦奋斗的精神，也是以解决问题为导向，而不是形式。

项目管理小贴士2：认准你的客户

项目的客户不仅包括外部客户，还有内部客户，对于信息化项目、职能工作改善类项目等而言，客户均为组织内部成员，尤其对于组织内大型的信息化项目，内部客户涉及面会很广。

此类项目是否能实现项目目标，很多时候，不在于高层或者项目发起人的认同，更多的是在于这些项目产出的最终使用者。最终使用者在项目过程中不一定会参与项目，甚至对项目完全不了解，但到最后项目完成后，项目的产出会与他们的工作强相关。

这样进行工作优化、改善工作模式的项目，表面上是信息化项目，本质上是流程变革，会对相关岗位的工作方式、工作内容产生影响。

从项目管理的角度，这些相关方，即便没有参与项目，也要在项目一开始时从中挑选合适的人员参与需求调研，并在可行性分析的时候，评估对他们工作的影响，让相关方充分表达想法和见解，如果将来他要用这个新信息系统、新流程，会带来什么好处、什么坏处，项目是如何解决这些问题的？这样从一开始就分析好，项目进入验证阶段时，可以差异性地抽取另外一批使用人进行验证，这样就能充分保证项目的有效性。

项目管理小贴士3：过程管理的误区

项目管理过程总有我们认为风平浪静的时候，项目按照计划在开展，没有太多的问题，团队稳定，大家都在努力工作着。

那这个时候，项目经理是否需要主动汇报工作呢？我们习惯在接到项目后，如果过程中没有碰到什么问题，基本不会进行项目汇报，也不会将项目进度报告出来，除非有接到部分核心相关方的直接要求。这其实是一个误区。

这种做法，已经失去了一个将项目影响力最大化的好机会，持续进行过程汇报其实有很多好处，包括让更多的人了解你的项目，尤其是对你项目成果有影响的人，同时让你的项目影响更多的人，让更多人知道你在做这个项目。

一旦出现问题，你需要资源的时候，因为你在此前过程铺垫得很好，所以项目的发起人、你的上级、掌握资源的相关方，在接到你的需求时，会尽全力支持。

其实就是要规避这个误区，没问题也要汇报。

6

把握组织环境，促进项目进展

项目环境

项目环境可以简单地理解为项目周围的环境，项目周围的生态，包括组织的战略、组织的人文环境、组织的短期目标、周边项目协作方的共性工作风格等。

清楚地掌握项目环境，以此来确定项目的战术，作为调整项目计划安排的重要参考依据，可以很好地促进项目进展。在某种意义上，掌握项目环境，就是项目经理需要有一定的意识觉悟和环境敏感性。

跟项目强相关的项目环境有哪些？如何获取呢？我们可以从以下四个方面入手。

（1）人的环境：项目发起人、组织高层及与项目强相关的职能单位经理的共性工作风格，即大家一般是怎么沟通的，怎么面对项目异常。这些不会写入组织流程里，但确实有约定俗成的方式。

（2）资源的环境：项目的设备资料、硬件资源是什么情况？有什么样的使用方式？资源争抢是否是一个常态？资源单位对项目是什么样的态度？

（3）制度的环境：组织的成熟度如何？项目全流程相关的制度健全情况如何？如何监督实施？是否存在灰色地带？

（4）组织的环境：这指的是组织的战略，项目是要和组织战略保持一致的。还有组织短期的目标是什么？比如近半年组织准备进行各产品线的换代，那么非换代项目势必受影响，就必须提前采取风险防控措施。

项目环境情况、信息的获取除了日常保持敏感的意识外，时刻保持与各层级相关方的沟通是很关键的，尤其是项目发起人。此外，不能忽略一些非正式沟通，一些通过非正式沟通掌握的信息反而更有价值。

同时要注意关联性，注意“饭店越开越多说明经济状况在变差”这样的非必然关联，也常发生在组织里，对项目产生正向或反向影响，如发现了就更进一步求证，防患于未然。

项目管理场景小故事

高层：组织准备在下个月开展一次成本审计工作，尤其海外项目，面对近期的贸易壁垒问题。

项目经理：我说怎么近期资源部门收紧对项目的资源配给，看来我们要提前做出应对措施了。

快速掌握项目环境变化，尤其是会影响项目的情况，及时做出调整，是管理好项目环境的关键所在。

项目管理就是问题管理

项目管理过程纷繁复杂，到底该如何入手。

其实项目管理就是问题管理，厘清项目问题的各层级之间的关系，就能有效推进项目进度。项目中所有的延误都是由各类问题引起的，每天项目经理就干一件事，就是看有什么问题。项目十大知识领域的问题——进度问题、质量问题、成本问题、相关方问题……问题解决了，自然进度也就有了。

项目管理中的瓶颈也是由一个个问题堆积而成的，当我们在项目进度报告中看到天下太平，一切都很顺利，往往就是危机四伏的时候，墨菲定律很快就会应验；反之，虽然我们面对一堆的问题，但我们在一步步解决它们，虽然痛苦，团队反而是最踏实的。

怎么管好项目？方法很明确，从问题开始，每天先检查一下项目有哪些问题，保证问题不被遗漏，覆盖所有板块，并有序地解决它们。可参考图6-1。

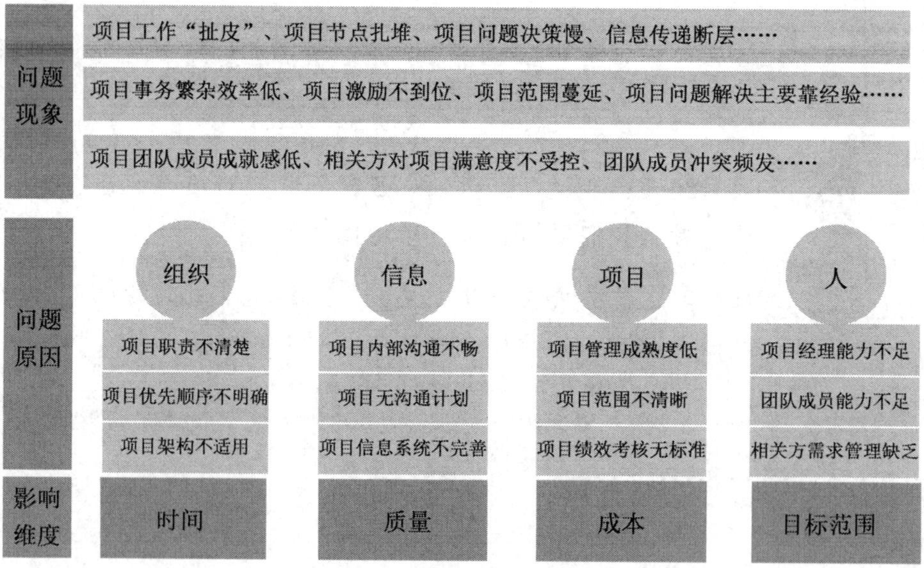

图6–1　项目问题分析线路图

项目过程中不仅要会做还要会说

这是一个常被忽略的话题，我们都认同一分耕耘一分收获，但如果耕耘之后没有一些路径去表达、展示耕耘的过程和结果，会对项目的“收获”带来消极影响，使得核心相关方无法更好更深入地对项目进行价值认同。这里有些方法可以采用。

项目启动之初，将项目广而告之是一个开始，成为让大家都知道的项目。项目都有分级分层，适当提升项目背景的层级，项目的重要性和意义处于较高的水平自然会引起更多的重视。同时，扩大项目的组织范围、参与人员的范围，可以通过项目组织架构建设，使得更多的人成为项目一分子，让更多的人和组织参与到问题解决中来，体会项目的艰难和感受收获的喜悦，正所谓处处是战友。

项目过程中，对项目的关键相关方，识别出他们的需求，并在项目开展过程中，不断地传达项目的产出正不断满足他们的需求，或者正在接近达成他们的需求的消息。如果某些相关方很想了解过程的难点，那项目团队遇到难点的时候，就一定要邀请此相关方参与问题解决，即使他并不擅长，也要展现整个艰难的解决过程，让其亲身体验，感同身受，这样自然就会提高影响力，增强项目价值认同。

项目各阶段收尾或最终收尾，通过对输出成果的相关总结，挖掘可以发布的点，保证所有相关方都获取到信息，让相关方感受到项目的成果。最后输出时，召开某种层级的发布会，邀请项目的发起人、领导层，对有功劳的人员进行全面的奖励。

这些都是“会说”的方法，“说”不是吹嘘，而是将项目的影响力最大化。在所有关联方中，形成一个很好的氛围，使得项目“无人不知、无人不晓”，并得到更多人的认同，提供支持。这样带来的不仅是项目自身的影响力，也使得项目团队的价值最大化，在后续的项目中能更有凝聚力。

我在现场

“我在现场，我为您报道……”这是在新闻报道里面经常听到的，现场感会令人觉得层级要更高，台风现场、战斗现场、大会现场等，人们对现场的记者总是肃然起敬。

项目开展到现场不是指所有事情都亲力亲为，而是更有效掌握事情的实际状态，并成为身先士卒的典范，产生号召力。在推崇奋斗的年代，为了更好地掌握项目一线情况，多去现场并留下痕迹很重要，不仅是让自己与前线的人更加贴近，听得到炮火，而且能得到核心相关方更多的认同，更有利于推进项目。

当然我们需要的是真正为项目推进产生作用的“我在现场”，而不是展现自我。去项目工程现场、项目的攻关现场、项目产出的生产现场等，去前做足准备：去的目的是什么，需要和谁一起去，要提前准备什么，如果现场遇到问题有什么应急方案，去之后如何传递信息，等等。

我在现场，其实也可以称之为MBWA（Management by Wandering Around），即走动式管理。同样我在现场，不能干扰现场的“秩序”，并能有很好的沟通，交流并解决问题。如果不是这样，那就要反思问题出在哪里了。

做项目确实要有拼搏的精神，去现场就是一个很实用的方法，这点对从事任何项目工作都是适用的。

项目管理场景小故事

项目经理在台风中抱着大树。

项目经理：我在现场，我为你报道，我们的XX大楼工程在台风中完好无损，工程质量良好！

项目团队成员在通过电视围观。

全体项目团队成员：哇！好帅！好敬业！

布点

项目会议作为我们项目管理过程中常用的解决问题的方法，有时很高效，但有时也很拖沓，如何利用好这个方法并解决问题呢？

培训过程中有需要学员积极参与的培训活动，如回答问题、参与游戏等，目的是避免培训过程中出现冷场，让培训气氛更活跃，提升培训的效果，更好地完成教学目标。为了达到这个目标，互动就显得尤为重要，在培训的时候会用到一个培训技巧，即在培训前，在学员当中提前安排几个互动者（也可以称之为“托”）。

这个方法其实一样可以用到实际项目推进中，尤其是推动项目管理当中的新流程、新制度或者方案的时候，为了能在流程或者制度实施的区域内减少阻力，首先识别出哪些是核心人员，对他们的态度进行确认，谁对项目给予支持，谁对项目反对，谁处于中间状态。

在会议前，可以通过走访这些核心人员进行提前布点。走访支持的人，进一步巩固对方案的支持，中立和反对的人也要走访，进一步了解他们的意见，通过当面沟通，尽可能地说服他们改变立场，即使无法立刻说服，也能更清楚地了解他们处于当前立场的原因，更好地在会上提出解决问题的方案。

走访后，需要巩固走访的效果，在项目相关方范围内进一步发布走访的情况，让支持的人“顶起”，其他与此相关的人，原来处于中间状态的人，获悉此流程、方案已得到了大部分人的支持，也会出现调整立场的可能。

最后在会议中，因为前期的布点和当面沟通，就会出现决定性的意见统一，引导整个会议的走向，会议会更快更集中地形成决议。

项目管理场景小故事

会议现场，项目经理介绍项目方案。

项目经理： 这个方案是这样……请各位发表一下意见，谢谢！

业务单位负责人： 这个方案不行。

项目发起人： 我也这么认为。

项目推进专员： 他们都说不行，那肯定不行。

项目经理焦头烂额……

在项目推进过程中也会有阻力，你提出某个方案，可能有支持你的人、反对你的人及中立的人，可以提前布好点，在项目的会议、讨论群当中发出你的方案，然后让支持你的人发出认可，营造一种氛围，使得中立的人也能改变倾向，方案落地的概率自然大大增加。

事事项目化

有一句我们耳熟能详的话叫“温水煮青蛙”。在一个岗位待了一段时间，每天都有事做，但每到月底写本月项目总结，总可以将上个月的复制粘贴过来，都是那几件事情。最为困惑的是，貌似换个人过来，将流程一教，也可以很快地上手，完全可以立即替代自己。

这种情况的产生是由于项目岗位的内容，均是事务性的项目，而且事情本身从表面看并无太多的创新和难度，周而复始，自然产生的价值是有限的。

项目化虽然在组织工作中逐步得到推广，各项工作都在按项目的思路开展工作。项目也是独特的、唯一性的工作，但大多数情况下，在组织内做的项目都有很多相似性，部分岗位参加项目并负责的内容，可能均是做重复类似的工作。

所以我们在一些职能项目中，要寻求突破，必须将项目进行划分，分为事务性项目和项目型项目，事务性项目是解决温饱的，项目型项目是增值，过上小康生活的。

事务性项目是周而复始的项目，做的项目自己再熟悉不过了，每天平淡无奇，在团队、集体内总是被摆在最后。要突破，使得本岗位能增值，就得有一些项目型的项目，此类项目同样来源于事务性项目。方法其实很简单，就是识别事务性项目中问题，从问题中举一反三，归类共性问题，来获取项目型项目的素材，这些项目是具备一定的创新和难度的，并能给组织带来较高的价值。

保持问题的敏感性和工作的危机感，改变“温水煮青蛙”的状态。

我来试一下

我们实际项目管理过程中，会有很多“类似”的项目，自然产生很多类似的问题，在A项目中出现了，在B项目中还会出现，不同的项目团队会相继掉到同样的“坑”里。

这些问题，我们称之为共性问题，在项目集管理过程中，共性问题是我们需要解决并能带来“批量性”成果的，通过共性问题分析得出的流程变革，推进总不是那么容易，但一旦完成对组织的效率提升将是彻底的。

在形成一定的流程变革思路后，往往需要业务单位进行落地执行，但可能会碰到诸多阻力，为了避免这些问题，如你作为该流程项目的推进者，可以将自己的角色变换，自己作为执行者亲自验证一遍，验证有两种方法：一是直接进入执行方的组织体系内，临时更换角色进行验证；另外一种是角色位置不变，但自己跑一遍流程。这样做一方面可以将自己构想的流程“真刀真枪”地实施，另一方面可以很好地规避外部质疑，积累实战经验。

可以从不同的维度多次验证，获得最佳运行路径，这样就不会将流程建在空中，能对业务单位的一些质疑有更好的理解和对策。

项目管理场景小故事

项目发起人：你建的这条路有人反馈不行，配套设施也不好。

项目经理：有问题就解决，我亲自跑一趟。

项目经理开着车，上路验证。

项目经理：问题确实有，有一些细节与反馈的有一定出入，现在可以商量具体对策了。

项目发起人：嗯，你们团队很务实，方法很得当。

我只想安静地搞技术

一切工作都是项目，虽然道理非常简单易懂，但在很多组织的项目经理，仍然陷入掌握技术即可搞定一切的论断，弱化或忽视项目管理，因此导致项目失败，项目延期，成本失控，质量得不到保证，是让人非常痛心的。

当组织招聘新员工从事项目工作，一个误区就是有倾向性地进行专业技术的培训，且只进行专业技术培训，这使得大部分的技术人员在项目管理、沟通、问题解决能力上没有系统性的引导，只能靠长久低效的经验积累，项目经理招募的团队成员，或者职能部门提供的可选人员，在这些领域战斗力低下，项目推进非常痛苦。

很多人被任命为项目经理后，仍有非常天真的想法：我就想在组织内搞技术，其他我不想管，进入了一个“项目只要有技术解决就万事大吉”的误区。一些技术人员、项目经理强烈抱怨，他们厌烦处理人际问题及一些流程问题，他们希望的工作状态是毫无外界干扰，都是“绿色通道”，能够有无限资源，不用任何协调。

以上这些其实都是比较狭隘的认识，这也是一个悖论，在组织内从事项目工作，不可能做到这一点。项目首先不是孤立的，不是一个人完成的，也不是一个单元能完成的，肯定会存在与其他团队、个人产生交集的情况；另外，组织的资源也不能无限，项目推进肯定会存在异常和问题。凡此种种，都会产生人际交往或流程问题。

重视人际交往或者流程管理的专业人员，反而能更好地推进和解决项目问题。排斥人际交往、排斥流程，反而处处碰壁。

在多项目的组织里，不要抱怨问题的发生，因为冲突是必然存在的，资源的冲突、人的冲突、环境的冲突等，重点是对待问题的心态和处理方式，真正正确的是能在众多项目当中用项目管理方法抢到资源。

牧羊陷阱

在组织内进行项目集管理，尤其对于集团类的组织，由于项目会有同类型，有公用的资源，就会存在资源共用的问题，在职能型的项目组织形式下，项目使用公共资源一般是免费的。

所谓“牧羊陷阱”，在很多文献中都有介绍，资源如同牧场，由于放牧是免费的，一方面大家都在不断扩大自己的牧群，而不会考虑牧场上草的供给量，以及如何优化羊群配置，使得产出最大化；另一方面牧场的草总是有限的，不可能无限增长。

在这样的项目环境下，每个职能单位都趋于以同样的方式思考，很快项目数量成级数倍增长，项目需要资源的数量增长速度慢慢地大于组织内公用资源的增加速度，稳定性失衡。部分项目出现无资源可用的情况，甚至一些应该作为重点被关注的项目反而得不到资源，于是职能部门间、项目经理间开始抱怨，部门之间开始激烈甚至残酷地抢夺资源，很多项目因为无法得到资源而延误，项目团队士气低落，一系列的问题产生，这就如同羊群养得越来越多，吃草的速度大于草生长的速度。这些羊在没有草可吃的情况下，开始吃草根，导致整个牧场荒芜。所有的牧群开始挨饿，整个公共牧场陷入了灾难。

当然，我们可能会思考，如果职能单位能从集体利益出发，控制好项目数量，不就解决问题了，但事与愿违，在职能式组织里让职能单位自愿减少项目，这个假设成立，那自然会有其他单位增加更多的项目，因为本质上职能单位都会以本单位利益为优先。

“牧羊陷阱”在很多组织内都会存在，如何解决这个问题，在具体操作层面的做法有四个。

一是项目准入制度，即什么样的项目才能使用公共资源，对项目进行分层分级，在项目立项决策时进行标识，不同层级的项目获取资源的优先级就不同。

二是实施公共资源非免费制度或者半免费制度，即对项目的承接单位有一个配给上限，如果超过这部分，要么进行内部资源调配，要么通过“付费”获得。

三是在组织内战略层面做好规划，对资源能供给多少项目确定一个上限，挑选“好”项目实施。

四是确定应急机制，如出现“草荒”，则启动集中力量办大事的机制，并预先细化这一机制。

当然这些方法不一定能从根本上解决问题，要彻底解决问题，从组织架构层面，从弱矩阵型往强矩阵型转变就是一个好方法，同时实施项目预算制，将进入资源区变成刷卡消费，与项目预算强相关，使得项目团队对“牧区”资源能充分有效地利用。

关于项目开展过程中的“扯皮”问题

“扯皮”这个词在国外的项目管理文献中并不常出现，项目团队一听到这个词就很抵触和慌乱，团队成员自己也时常掉入“扯皮”的旋涡当中，痛苦不已，总觉得避之不及。

在职能型或者弱矩阵型模式下，“扯皮”其实是一种常态，只要是此类项目组织模式就会有这个问题，在跨部门组织项目实施，项目经理权力有限，无法对非本单位成员进行有效管理，以及部门墙的存在，自然就为“扯皮”埋下了伏笔。

所以只要是这样的组织模式就会存在“扯皮”的问题，而不是某个组织所特有的，真正困扰项目团队的是团队成员面对“扯皮”的心态，以及在整个项目环境下处理“扯皮”的方式。

对于技术工程师，作为团队一员，在面对这样的问题的时候，总会措手不及，产生很多困扰，甚至发出“我只想安静地做技术”的感慨。其实在这样的组织环境下，不可能彻底消除扯皮的问题，需要的是我们以积极的心态面对，并要掌握一定的项目管理方法，去应对异常。

“扯皮”对组织来说其实并不总是坏事，尤其对组织管理层，如果不同单元间日常过于风平浪静，相互总是赞美，没有任何争执，那反而让管理层不放心了。有“扯皮”可能更好，才更能暴露问题，对项目来说也是如此，适当的“扯皮”就是暴露问题的好渠道。

所以这个异常不是项目本身的技术异常，而是部门墙、流程冲突、资源冲突等造成的，项目经理同样要倡导积极的心态，尤其在项目集管理情况下，一旦出现“扯皮”，及时制止，并提倡成员主动解决问题，采用合理的沟通方式解决问题，逐步调整技术工程师固有的思维方式，将“扯皮”变成一个积极的信号。

微创新

项目是被定义为一次性的临时工作，没有任何项目是完全一样的，每个项目都有其差异性，总是存在有差异的点。

要清醒认识到，做项目肯定是要有创新才会有成绩，要有和以前不一样的地方，如果所有WBS分解都是直接借鉴，简单模仿，肯定不会有突破，自然这个项目也不会是一个成功的项目。

项目的特性决定了必须要有创新，要有一些新的点子，并不折不扣地执行它。创新的范畴是很广的，比如第一次做跨国项目，团队成员有他国成员，那在团队文化冲突方面，就需要创新。同样，在采购领域、风险管理、资源管理、质量管理方面都可以通过创新来解决项目碰到的问题。

单纯的产品技术创新只是项目创新的一部分而已，项目经理要考虑的远不止这些，尤其是项目管理方法的创新。

在组织中，很多项目有固定的项目范畴，有明确的流程和作业指导书，一切有条不紊，何来创新？但我们又常说创新无处不在，确实如此，可以用不同的目光看待一切，杜绝一切“一直是这样”的论调。不断地自我提问：是否可以变一些？是否可以改一下？是否可以优化一下？项目成熟度达到一定水平时，项目过程管理有很多相似性，但恰恰这样的项目环境可以提供很多共性问题去创新解决。

这里有一个例子，几年前街边的付费停车位，收费方式都是先估计可能要停多少时间，然后给钱。问题来了：提前走，钱就给多了；推迟走，钱就不够会被处罚。大家都知道这不合理，需要改进，但计费系统一直就是这样的，没人觉得可以改进，因为如果使用后再付款，就会有人直接开走车不给钱，然后这个系统就这么用了十来年。但最近已经改为先停车后付款，用多久给多少钱，当然这里做了一些技术上的改进，即提前绑定用户付款账号。所以，很多事情其实都是可以改变的。

其实生活中也是如此，你住在一个房间，虽然杂乱，但时间长了，你会觉得挺好的，或者好像并无什么异样。一个朋友过来，他的居住环境和你完全不同，非常整洁，他看了之后就会觉得需要改进。

所以如果需要改进项目过程问题，那就得打破以前的认知，一方面需要有新的知识进来，触发你去改变；另一方面你需要有改进的动力。这里其实触及另外一个方向，就是学习与积累，与本职项目相关的学习与积累，渗透到日常，保持求知欲和好奇心，促使你在生活中接触到任何新鲜事物，都可能会联想到这个是否可以用到项目中，那自然很多微创新就来了。

从考证到项目管理培训说开去

项目管理的知识积累如何得到，一般来说，知识的获得有三个方法：首先是通过反思获得，这是创新程度最高的；其次就是通过学习前人积累的知识或者业界已有的经验，这是最便捷的；最后是通过积累个人经历获得，过程最为漫长和痛苦。通过参加专业的项目管理资质认证，比如PMP®考试，可以在此过程中进行专业的学习，最便捷有效地获取专业知识，而后在实际工作实践中转化，形成自己的、与工作吻合的项目管理认知。

在项目管理专业知识的学习上，我们可以通过看书、培训的方式获取知识，但学习的核心在于如何不断将学到的知识付诸实践。

在专业知识的学习方法上，我比较推荐的还是考证，考证已经不是单纯地为了找工作、职位晋升，更为重要的还是为了通过学习提升自己。在考证的过程中，不建议太过功利性，仅仅是为通过而进行一些所谓的培训、强化训练，更重要的是进行系统的学习，在学习过程中去理解这些专业知识在实践中的表现，尤其对于已经有一定工作经验的项目管理人员，会欣喜地发现，原来自己日常采用的一些方法，在书中早有总结，而且更为专业和系统化。

所以别担心别人说你考证没用，参加培训没用，学习就是有用，不学习就会后继乏力，只是很多时候我们在项目中吃了亏，不知道是自己缺少学习的后果；或者花了十分力气解决了问题，其实你并不知道，如果坚持学习，只需要花五分力气就可以了。

同时，项目管理的培训学习有一个误区，就是我们总是期望从培训中立即得到真知，在组织实践中“包治百病”，但事实上项目管理的培训是“引进门”的工程，使得我们的理念和思路有一个清晰的认识，但在组织实际中的应用，如同复杂的化学反应，千变万化，必须使用正确的理念和思路，并与实际结合进行转化，否则就会碰壁。所谓最佳实践，都是有边界条件的。

但是如果我们因此而忽视项目管理专业培训，那连门都进不了。随着企业内部的强大，如何将资质认证本土化是一个必然趋势，这不仅使得专业资质认证更具有适应性，而且也为项目管理提供了一个很好的知识积累载体。

我们还有一个途径是请专家上门进行项目管理健康诊断，但只能解决某一方面的组织项目问题，无法给数量繁多的从事项目的工作人员提供具体支持。组织必须靠自有的项目管理资源，培训提升各级人员技能，打好群众基础。

一个真正想使用项目管理进行自身业绩提升的组织，肯定是重视项目管理专业技能培训的组织，只靠事务性的工作积累，项目管理技能提升的速度是很缓慢的，因为行业已经有一套科学的方法论，完全可以很好地加以利用。项目管理专业理论学习是进行项目管理实践的基础，当我们还在思考学习有没有用的时候，其实这本身就是伪命题，因为我们的前辈早已证明了这一点，否则不会从革命年代就开始建立黄埔军校、抗日军政大学，这些便是例证。

当我们进行了多年的项目管理实践，再进行专业的理论知识学习的时候，会发现很多问题豁然开朗，效率递增。而且你会发现很多成功的项目经理的蜕变、转折，都是从参加项目管理的专业理论培训开始的。

虽然项目管理不在于知而在于行，但如果不知则行就会步履艰难，常出现“知其然而不知其所以然”的现象。正是因为我们具备了强大的专业理论知识基础，所以在实践中我们才可以进行优化、验证，并形成自己的“技术诀窍”（Know-How）。

具备多年实战经验的项目管理从业人员，会进入一个误区，即理论学习枯燥而乏味，而且无法转化为应用。但事实告诉我们，一旦你沉下心来参加专业理论知识学习，结合丰富经验，就会事半功倍，两者并不矛盾。

项目管理小贴士1：项目管理的核心是什么

项目管理到底管理什么？什么是其管理的核心？

项目管理的核心点，包括时间、质量、成本，以及范围和资源。

时间：项目是否按时完成。

成本：项目完成时支出是否超出了预算成本。

范围：项目是否达到了预期的范围或目标要求。

质量：客户是否满意。

资源：团队人际关系是否协调，是否达到资源平衡。

项目实施通用过程如图6-2所示。

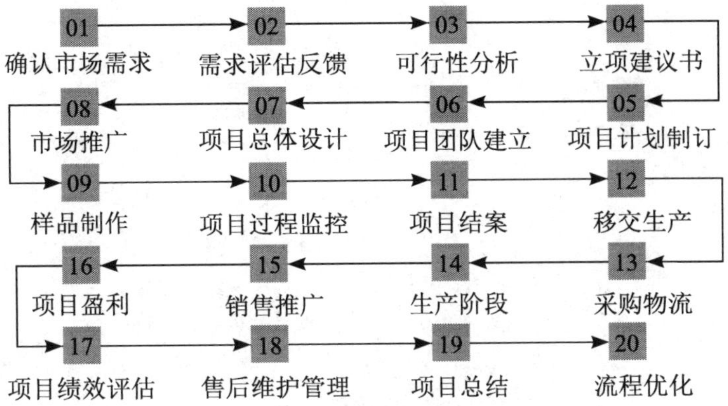

图6-2　项目实施通用过程

项目管理小贴士2：让我来

做项目其实既意味着挑战，也意味着机遇，我们必须得承认在中国做项目，用“集中力量办大事”概括其实很贴切，想想三峡大坝，想想港珠澳大桥，想想登月工程，其实均是如此，这些项目恐怕也只有在中国才能如此高效地完成。

其实组织也如此，即使是没技术储备、没设备、没人才，只要组织想做，就会有机会。同时，一个好的项目就是一个好的机遇，所以在组织遇到一个难度大的项目时，有机会就应该站出来承接，就是有“让我来”的勇气，你会发现慢慢地一切资源都有了，条件逐步就具备了。

7

怎么成为合格的项目经理

从技术走向管理

从技术岗转型的项目经理，长期从事技术开发的经历，会使其总以细节为重点，以解决技术问题为重点，忽略解决项目管理问题的重要性。一个技术问题耗费了一个月的时间，一旦解决会觉得成果显著，但项目管理流程没疏通，也认为是小事，即使因此耽误了两个月，也毫无感觉。所以，项目经理必须进行自我转型和以目标为导向的“洗脑”。

无论在何种项目组织形式里，做项目都会遇到艰难问题，甚至有时会让你举步维艰，怀疑人生，因为在强大的部门墙的阻碍下，项目工作的推进，需要耗费大量的协调资源和项目经理的精力，特别是在项目经理没有具备足够的沟通协调和问题解决能力的情况下。如何在这样的组织形式下有所突破，推进项目问题，并与协助单位共赢，成为一个非常值得探索和研究的课题。

◎成为学习型的项目经理

这是一个非常艰难的过程，要想真正成为一名合格的项目经理，可不是单纯的技术“大牛”就能成功的，项目管理意识需要锻炼，一般首先推荐的就是学习项目管理知识体系，从中体会、感悟自己工作经验中那些惨痛的教训，用新的知识体系去找到新的答案。

但不是每个人都能成就自我的，一些固执的技术人员，由于对技术的执着，以及固守自己多年积累下来的项目推进认知，很难转变。结果是虽然能把项目最终啃下来，但耗费了组织大量的资源，也让团队非常的累，自然也会带来一些负面影响，包括失去团队认同感甚至离职。

所以项目经理的自我修炼非常重要，养成常总结、常反思、主动学习的好习惯，一定要从茫茫的项目事务中保持良好的总结习惯和提升自我的要求。

王树增老师的《长征》告诉我们，革命先辈在那样艰苦卓绝的环境下，也在每次战斗后，都召开不同形式的总结会议，并研究下一步的作战计划。打赢了总结，打输了也总结，即使局面再紧张，形势再危险，也必须召开总结会，有时甚至是边转移边开，在马背上开，而且军队首长也会进行批评和自我批评。在漫长和艰苦的斗争中，这样的良好习惯，使得部队的战斗力愈发强大。革命先辈们这种勤于总结的精神是很值得我们学习的。

◎厘清、维护好人际关系

因为在组织内从事项目工作，项目团队是组织内的各职能单位，虽然项目是一次性的，但往往下一个项目和上一个项目，涉及的核心相关方，90%左右还是一样的；所以，对项目相关方的日常维护、管理就显得尤为重要。

这里就要谈到相关方管理策略，识别核心相关方，以及鉴别他们的需求，马斯洛需求理论是我在相关方管理中最认同的一个理论体系。当我们在微权力下管理团队时，跨组织团队成员到底需要什么，哪些需求是你能满足的，对此要保持清醒的认识。“双赢”也是当前项目管理的一个流行理念，不仅让对方在项目实施过程中更好地完成项目工作，同时也让他能得到自己需要的。

◎做好团队的职责分工

职责分工在团队管理中非常重要，责任矩阵是一个非常好的工具，但是责任矩阵怎么做出来呢？注意，不是项目经理自己做出来的，而是团队一起讨论出来的，尤其对跨职能的项目，涉及多领域，团队复杂，对工作进行分工，更需要进行团队讨论，在一开始得到团队认同的职责分工，会使得工作开展事半功倍。

在弱矩阵中，团队成员常被弱化，尤其跨组织、跨部门后，由于组织的多项目管理，成员不会有强烈的团队认同感，有很多细节工作需要做。正式的项目启动会，团队成员责任矩阵的发布，项目经理定期与成员进行单独的沟通会谈，一些仪式感强烈的工作，甚至必要的集中办公，都是在强化成员的项目团队意识。

◎强化目标导向

项目目标分为技术目标和项目管理目标，项目追求项目目标，项目经理由于不可能具备多方面的知识，为实现目标，必须利用各方资源。因此在外界看来，常将项目管理简单地理解为监督和组织，这种认识是比较浅显的，同时也误导了许多已经或者正在从事项目管理工作的人。

在组织中，我们追求产品的极致，但产品极致不可能单依靠技术研究来获得，因为组织是一个团队，是一个生态圈，你不可能只安静地做技术，你需要通过项目管理技能来保证项目的实现，保证技术的突破，利用项目管理技能解决各种矛盾，保持和上级沟通，利用项目管理工具解决疑难问题，所以项目管理思维是靠实战积累的，同时我们日常工作也非常依赖项目管理思维。

◎项目过程管理的事务性工作

项目运行过程中，有我们强调的重点工作，也有事务性工作，对于重点工作支持力度大，资源充裕；事务性工作容易被忽略，安排的团队成员也会相对次要。但事务性工作是很多项目正常运行的基础，如果项目经理不处理好，也会成为影响项目开展的瓶颈，不经意间变成核心工作。事务性工作就是做对即可，不需要做好，比如一些资料汇总、会议组织、会议提醒、流程督促等，将事务性工作通过一些软激励让这些从事事务性工作的人员保持工作动力和责任心非常重要。

◎关注资源问题

在弱矩阵型项目管理组织形式中，资源职能单位往往成为各项目经理竞相争取的对象，影响项目进度的很多因素就是资源不足。此时运用好项目相关方管理方法，尤其重要，对于纳入项目管理的职能组织成员，由于其本身肩负职能单位的任务，项目经理需要优先考虑成员的需求，这些需求不一定是项目能提供的，可能需要从别的方面去满足，从而来支持项目工作。比如，如果项目相关方关注的是直接上级的认可，而不是项目本身能带来什么，那项目经理可以了解其上级对其的期望是什么，通过一些方法从外部促进其愿望达成，这样相关方自然对项目的支持力度就会上升。

◎用问题管理思路开展项目工作

项目管理其实就是问题管理，通过解决一系列的问题来推进项目进度，目前项目管理有非常多好的工具来支持项目问题管理，其中从质量管理总结出来的PDCA法，是一个很好的方法，尤其对于项目集管理。其原理非常简单，从某个点发现共性问题，然后去调研，设计出初步对策，然后召集相关利益方进行会议讨论形成决议，然后试运行，接着修正，再正式执行，最后写入规定。难点在于两个方面：首先是对项目问题，我们容易缺乏举一反三的思路，识别共性；其次就是对策执行缺乏修正，容易半途而废。

职能式轻型项目式

职能模式的项目管理（见图7-1）存在于大部分的组织，项目经理具有微权力，职能部门之间不以项目为导向，过度关注部门自身的利益，组织的机制根本不能有效打破部门墙，项目经理在呐喊，但在落地时由于机制问题处处碰壁。组织面对激烈的市场竞争，产品开发慢慢地陷入困局，所有项目都是重点，资源争抢情况严重、人员使用效率低下。

这些势必使领导层开始考虑职能型模式如何转变。那么如何使得组织战略有效落地，使得组织的项目管理模式能适应市场发展呢？

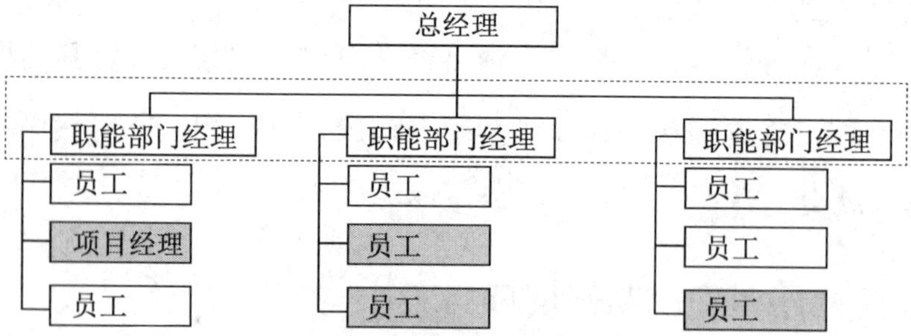

图7-1　职能式项目管理组织

从职能式向矩阵式、项目式转化是一个必然趋势。项目式的项目管理模式（见图7-2）能彻底解决这些问题，但一个新制度的变革势必带来阵痛，要有充分的信念和坚持，所以必须是自上而下的。

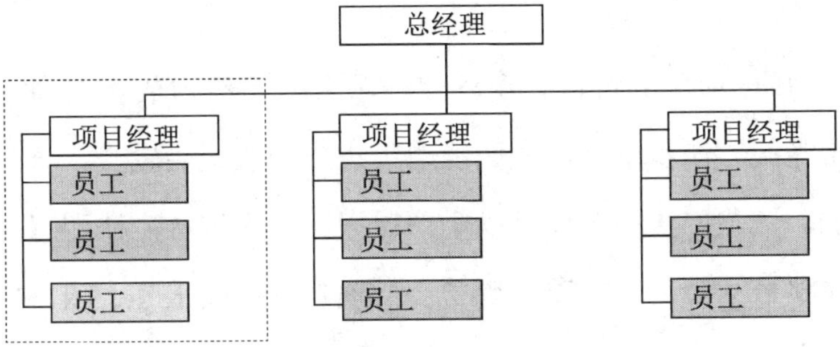

图7-2 项目式项目管理组织

项目式最突出的特点就是项目经理岗位正式被组织所定位，作为一个重要角色。我们在实施项目式时，首先要突破的还是项目经理的授权问题，这给很多组织带来了困扰，因为要打破原有的局面涉及非常复杂的组织体系流程，使得很多项目只是形似而神不似，所以经过一定的研究和理解，可以从以下几个方面入手。

（1）项目经理的培养。项目管理模式的变革在人事方面，关键就是项目经理，以及具有项目管理意识的项目团队成员。所以，首先要将在职能模式下的技术负责人培养成项目经理时，必须进行一定程度的洗脑和项目管理技能训练，完成一个从技术向管理的蜕变；其次是团队成员与项目经理的密切配合，掌握项目管理理念，以及明确自己在项目中的职责。这时项目管理中的责任矩阵就发挥作用了。

（2）建立项目预算体系。有了人的基础，其次就是项目预算，以及后续项目结束后的评价、项目奖金的发放。这是带动团队成员往前走的一个重要驱动力。很多时候，我们的项目预算是一个信号，其不在于预算的准确，同样项目奖金也是一个信号，其不在于金额高低和方式及来源，我们要的是一个改变，给整个项目团队一个信号，我们已经有了新的模式。

（3）强化项目的过程管理，保证项目在组织内的影响力。项目管理有非常多的方法和工具，在职能型组织内一般运用较少，一旦我们实施项目式，这些方法和工具可以全部照搬，因为这些方法和工具并不复杂，比如项目例会制度、项目启动会、项目网络图工具、项目报告等都可以运用进来。

（4）实施软激励，强化项目经理的授权机制。一般情况下项目经理在职能型组织内还是权力过小，对项目团队的影响不大，所以主办方也只能在软激励方面进行变革思考，比如项目经理的月度、季度、年度的提名权，又比如在项目业绩上的评价权等，从而提升项目经理在团队中的影响力。

（5）促进项目阶段风险和总结。风险管理是实施项目经理制后的一大改变，在不同业务板块协同合作过程中，通过强化风险矩阵的建立和实施，充分发挥板块的作用，提前预防和消除问题，同时通过前面提到的例会、报告等制度，实行总结制度，将问题和成果通过标准化的总结进行输入，转化为团队作战的方法财富。

（6）实施试点。实施试点自然是个好方法，但如何实施一个新变革，组织要走在前面，即要有机构来推动它实施，要有专人来做这件事情。确定专案小组就是一个办法，由一个组织专门来促成这件事。

（7）做好项目后评价。无论采用什么模式，对于组织来说要的还是结果。对于项目评价，从项目本身来说，肯定还是时间、质量、成本三个方面，从这三个方面入手展开具体评价标准和维度，以满足组织的结果要求，以及将这些评价标准与项目奖金挂钩。

在职能式组织里开始往矩阵式、项目式走的道路上，也要避免换汤不换药，要么没有将矩阵式和项目化的核心体现出来，要么急于求成。实际操作中，进行集中办公，是一个公认的有效的办法，当然这需要组织的支持和职能单位的配合。

项目经理选拔的四大误区

通过负责或者参与组织内不同类型的项目而成为一个成熟的项目经理，这是一个正确的渠道，并且在项目组织内担任过不同的职位更佳。只在一类项目内长期担任项目经理，并不能说明他的项目管理能力就很强，项目管理和业务强相关，一旦脱离原来的业务去到新的项目，就不一定能管好了，原来项目的经验甚至可能成为绊脚石。

误区1：客户永远是对的

我们总强调客户至上，甚至于客户对与其合作的项目团队成员，都会提出具体要求，此时组织会为了满足客户，对团队成员的任命也和客户保持高度一致，这其实留下了很多隐患。项目团队投其所好甚至会损害组织利益，如果确实这样做了，那就要选择好项目团队中能与项目经理进行互补的人，以协助项目经理做好本职工作。

误区2：这人不错，安排个项目历练一下

这是许多组织为了锻炼人而使用的方法，因为项目经理是具备挑战性的一个岗位，对人的锤炼很有帮助，但如果总是抱着这样的想法，那对项目是很危险的，只是维持一年半载的项目经历无法真正锤炼一个人，另外也会造成对职能工作的懈怠。

误区3：项目经理就是要“硬”

注意这里说的是强硬而不是强势，强硬肯定不是一个好的风格，在弱矩阵型的项目组织模式下，最好的是一个能充分发挥团队成员主观能动性的团队，这样对项目更有利，纯粹地提要求、强调执行力是不行的，时间一长，就变成一个不合群的项目经理，没人愿意跟随。

误区4：谁技术好，谁就是项目经理

选拔技术专家担任项目经理是常态，对于单纯的学术研究类项目，这样的选择可能问题不大，但对于大多数其他类型的项目来说，大量的数据告诉我们，技术专家容易沉湎于技术细节，而忽略了管理问题。项目经理更多的时间要放在沟通管理、团队管理及相关方管理上，这点毋庸置疑。

项目经理必备的软技能

项目经理不仅需要拥有专业技术、项目管理技能，而且需要掌握软技能，尤其对于职能式或弱矩阵情况下的项目组织模式来说，这样才能形成强大的战斗力。

软技能1：善于倾听，主动听取团队成员意见

既然是团队合作，项目的工作就不是一个人能完成的，“术业有专攻”，“三人行必有我师”。在项目问题或项目风险上，让团队成员更多地参与出谋划策，避免一言堂，认真地听团队成员的意见和建议，可以更好地推进项目，即使最终意见建议没有被采纳，项目团队成员也会因为在项目会议上有发表意见的机会而感到被尊重。

软技能2：工作热情，将项目作为自己的事业来经营

这个工作热情是装不出来的，一个热爱项目的项目经理，日常就可以看到他的表现，那种坚持，那种韧劲，如同全世界就剩下与项目相关的事情能打动他。这样的项目经理把项目当作自己的事业来经营，而不是一个临时性的工作，项目如同自己的一个孩子，生病了，自己也会着急伤心，并赶紧想办法，给他吃药，送他去医院。这样的状态，会感动身边的人。

软技能3：沟通语言到位

会说话，会沟通技巧，用词妥当，也是一门艺术，所谓“见鬼说鬼话，见人说人话”。比如你面对高层相关方，你就不能用生硬的项目管理语言进行沟通，应该直截了当。又比如当团队成员有遇到生活上的困难时，要用安慰的语言进行交流。

软技能4：关心团队成员工作生活

实际项目推进过程中，不仅是进行团队分工，而且要关心团队的工作状态、工作阻力，摆脱总是在后面抽鞭子的方式，对员工的生活也要关注，生活遇到烦心事也会影响工作，对员工的生活有帮助也会强化团队凝聚力。比如某近期员工的家人生病，那肯定会影响工作，这个时候要适时地调整工作安排，并给予关怀。

软技能5：谦虚，不以自我为中心

项目经理作为组织赋予的一个带领项目的领袖，要时刻保持谦虚的态度，这是一种做事的风格，避免与团队成员拉开距离。尤其当项目经理过于专注于自己的专业，以自我为中心时，给团队成员留下刚愎自用的印象，严重影响团队交流，无法获取到支持和建设性意见。

软技能6：公正

这一点理解起来非常的简单，就是公平公正，没有偏颇，不会因为对哪个团队成员有好印象而做出错误的业绩判断，一切以项目章程和项目事实为准。在日常事务过程中，对团队成员的不良工作表现，不简单地扣帽子，一切从事情本身出发，分析解决，保持原则性。

软技能7：对项目充满信心

项目开展过程总会遇到挫折和困难，在任何时候，都要在团队面前充满信心，给予团队感召力，这个信心不是停留在口号上的，是采取行动，是表明态度，是阐述观点。有一个对项目保持信心的项目经理，团队成员自然也会有信心。

软技能8：好学，掌握项目的所有业务知识

项目管理在不断发展，项目也在不断发展，一直保持好学的状态，并传递给大家这个信号，尤其在遇到瓶颈问题的时候。有一个打破砂锅问到底的项目经理，自然也会有一个对事务严谨的团队成员。一个成功的项目经理，不仅要掌握专业知识，还要掌握各业务板块的知识，一直学习，一直进步。

软技能9：对人真诚

真诚是一个很好的品质，其中一个很好的体现就是坦诚相待，对待相关方诚实、诚恳和用心。不说空话，不说套话，愿意吃亏，这都是真诚的体现。

软技能10：对工作的主次把握有度

实际工作中，项目事务繁杂，要处理好优先顺序，把握好项目节奏，这样才能很好地带领团队处理问题，否则胡子眉毛一把抓，只会让团队一团糟。如何识别主次，那就要做好工作分解，识别关键路径，同时对工作中与关键相关方的需求息息相关的工作要放到首位。当然对工作的主次把握，不仅是方法上的，关键是意识上也要有，首先要有对工作分主次的想法和动机。

项目经理在新项目团队第一步做什么

在新成立的项目团队中，项目经理第一步该做什么？“新”指的是项目领域对项目经理来说是新的，项目团队成员大部分第一次和项目经理进行合作。这是项目经理在做项目时最难面对的局面。

在弱矩阵型的项目组织形式下，项目经理没有足够的权力领导团队，怎么样快速地保证团队开展工作成为一个难点。我们一般的思维就是组织项目团队进行WBS分解，确定各成员的工作职责并开展工作。

但这不是一个好的方法，对于这样的情况，最有利的方法还是强化我们的软技能，做好团队交流与沟通，与工作任务安排并行开展。

第一步应该是面对面与这些“新”项目团队成员进行交流，不是交流项目工作，而是“拉家常”，进行破冰之旅，先建立一定的认知，解除人际关系方面的防范心理。

第二步是针对项目的工作，尤其一些专业领域的问题，怀着谦虚谨慎的态度进行请教，提请协助。这些都是取得大家信任的开始。

因为团队成员还有很多其他的工作，打着组织的旗号、拿着尚方宝剑，或者是项目重要性的旗号，而要求成员要支持项目会适得其反。

以上这些工作都是为了取得项目成员的信任，对项目经理的信任，对项目的信心。我们在项目开始正式启动前，即使花费了一定的时间来做这些事情，也是值得的。

在影视剧《亮剑》中，李云龙新到独立团，第一件事情就是和战士们拉近距离，振奋士气，而不是讨论、下达作战计划。

不要成为呐喊专员

项目经理不可能成为一个项目所有领域都精通的全才，但也不能是一个只对自己专业领域才了解的单项冠军。

成为单打冠军的后果就是在项目团队里只能是一位呐喊专员，在团队成员遇到项目推进过程中的难题时，无法给予实质性的帮助，只能在旁边加油助威，那也不是一名合格的管理人员。

懂得所管理范围的所有业务知识是一个基层管理人员的基本要求，这样才能更好地理解项目工作，给予项目工作支持。懂得业务知识是触及项目真正问题的敲门砖，否则一切都停留在表面。自己负责的项目就是自己的一亩三分地，要了如指掌，才能处理好遇到的问题。

项目经理很重要的职责之一就是指导，如果无法很好地理解和掌握项目内各专业领域、组织业务流程的知识，指导就变成空谈了。

项目管理场景小故事

项目团队成员遇到问题请教项目经理。

项目团队成员：经理，这个问题是怎么回事？

项目经理：这个我不太清楚，你自己再想想吧。

项目团队成员：经理，这个流程该怎么走？

项目经理：这个不了解，要不你咨询一下其他人。

项目团队成员：经理，这个工作好难，我都不知道怎么下手。

项目经理：加油！你可以的！

项目经理无法熟知业务知识，给予团队成员专业指导，就会成为啦啦队队长，逐渐失去专业地位和影响力。

你需要强势一点

项目管理软实力越来越被证明对于项目经理推进项目的重要性。

项目管理是强势管理，这个强势并非说话大声、不讲理、咄咄逼人，强势可以从三个层面来理解，强势也是从这三个方面实现的：首先是组织赋予的权力，行政上的权力给予，这是项目经理强势的其中一个来源，但在弱矩阵中比较难以从这个方面实现；其次是项目管理的方法和技巧，通过此点体现自己的强势，如解决问题的能力；最后是形体表达、个人魅力，包括与人沟通的状态、谈吐风格、用词，工作激情、工作态度等。

一个真正意义上强势的项目经理至少在状态上就已经高人一筹，内向、软绵绵的工作风格一定不是合格的项目经理该有的。作为项目经理，强势是一个基本要求。组织赋予的权力是固有的，无法快速改变，尤其在微权力下的职能型项目组织，所以要成为强势的项目经理，更重要的是第二、三点，而这两点也是可以自我修炼的，其中方法和技巧可以通过系统地学习项目管理专业知识获得，形体表达、个人魅力属于软实力，包括演讲、商务礼仪、表达技巧等，也是可以通过学习提升的。

成也萧何败也萧何

绩优者是领导者容易关注的，但绩优者并不代表在各个方面都优秀，一个项目团队要有布置合理的人才梯队才能形成良性循环。

培养团队人才要做的不是遇到事情只能一个人扛，而是随手一抓都能扛，这才是厉害之处。对于基层团队管理，项目经理容易落入一个误区，就是事事冲在前面，比如向项目发起人汇报总是自己去，怕成员不清楚；参加项目各项会议都要自己来，解决问题也冲在最前面，团队成员只能做项目经理接回来的、已经约定好的工作。长此以往，项目成员成了机械的执行者，结果就是团队没人能成为骨干，项目经理自己就成了那个萧何。

聪明的项目团队领导者，是建立有效的梯队管理，每个人都能有所长，而不是任何问题都得自己亲自去解决，感觉好像是身先士卒，其实是影响下属的能力提升，尤其是应对问题的解决能力，最后团队成员因为没有成就感，而逐步失去对岗位的信心。

项目经理无法做到全能，一个项目会涉及不同的专业领域，项目在进行中的路径也会有多条，总有顾及不到的地方。在实施过程碰到问题，项目经理容易对自己熟悉的领域投入更多的时间，并不经意地将这部分工作变成自己的重点，将工程师实际负责的活全“抢过来”了，每走一步都自己来。

团队成员不再主动思考，因为有人在前面张罗，自然自身的技能也得不到提升，没有成就感，时间一长，自然问题越来越多。这种因为不放心，而亲力亲为的做法，并不能提升工作效率，反而可能会降低团队战斗力，而且一个人不能识别所有问题和风险，团队没有主观能动性后，有些风险的伏笔就一步步埋下了。

正确的做法是充分识别团队成员的能力特点，通过合适的分解，承担子任务，也可以称之为子项目经理，使得人人都是项目经理，有项目经理的意识、眼光和能力，整个团队就彻底被盘活了。

项目管理场景小故事

项目经理给项目团队成员布置工作。

项目经理：这个工作你们这样做就可以了。

项目团队成员：好的。

项目经理：这次项目汇报我去就可以了。

项目团队成员：好的。

项目经理：这个工序是产品的关键，让我亲自来设计。

项目经理：等一下！那个联调很重要，你们不用管，让我来。

项目开展一天天过去了……

项目经理：阶段评审了，但我要去参加甲方的一次现场工程说明会，你们谁协助主持一下这个阶段评审？

全体项目团队成员：我们不知道该怎么做哦，以前都是您在负责的。

项目进入模拟生产阶段……

项目推进专员： 这个工序产出有问题啊，根本没考虑怎么衔接！

全体项目团队成员： 这个工序都是项目经理一人做的，我们也不清楚。

项目进入最后冲刺阶段……

全体项目团队成员： 来了这个项目半年了，什么都不用干，什么都不会，我们还是走吧。

“无敌”的产品

技术出身的项目经理，会不自觉地热衷于技术对项目的影响，并会将注意力重点放在如何让项目具备更多的先进技术上，因为这样才能体现产品的高档次。

在接到项目任务后，组织技术团队进行了详细的分析，并确定了实现的技术方案，为了能将这个产品打造成当年的明星产品，团队一起确定了全方位的技术覆盖，并制作了详细的方案说明。从方案上看，这个产品在技术上非常出色。

但事情并没有那么顺利，项目立项必须要通过商业决策，市场营销人员、公司高层都参与会议，结果出乎意料，目前产品的方案与客户对该产品的定位不匹配，部分先进的技术显得多余，因为会带来更多的成本和售后维修隐患，工业工程人员初步评估装配效率远低于同类产品，最关键的是这样产品就没有什么竞争力了。整个方案必须推倒重来。

商业决策评审在中国称为可行性分析，在某种程度上，可以解决技术为先，不以客户需求为导向的项目开展方式。有一个理念：只要项目经理是该项目工作领域的专业技术高手或者业务高手，可以帮助项目小组的成员解决所有的技术、专业难题，就能保证项目的顺利实施。但这个理念已经被证明是错误的。

项目管理场景小故事

项目商业决策评审会议正在进行。

项目经理：这个产品是无敌的，集万千创新技术于一身，一定大卖。

项目推进专员：不行，客户要的是性价比，不要这些没用的创新。

高层：不行，成本太高，没钱赚的。

业务部门负责人: 不行，生产效率太低了。

项目经理欲哭无泪，无敌产品被枪毙了……

是我的问题，请扣分

在项目推进的艰难过程中，有一种状态叫“疲了”，项目团队在面对纷繁复杂的项目问题时，工作激情已经跌落到谷底，每天的工作如同机器一样按照预定程序做着，项目延误已经发生，大家也觉得项目已经无法挽回，整个气氛显得非常凝重。

这个时候，项目经理主动向组织请求处罚，承担问题责任，虽然是有处罚，甚至产生一定程度上的自身经济的损失，但在团队内公布出来后，会起到一定的警醒作用。项目是整个团队的，现在项目出现了问题，影响了交付，项目经理承担了全部责任，团队成员一方面会对项目经理产生尊敬，同时使得团队产生更大的凝聚力，在后面的项目开展过程中，激发更大的动力。

在处罚公布后，适时召开一个项目工作会议，阐述一下组织的处罚决定，以及下一步的计划，然后让各项目团队成员表达自己的想法，尤其是表达自己的承诺，为重新推动项目往前走打下基础。

项目管理场景小故事

项目经理拿着处罚决定书回到办公室，团队成员同情地望着，大家过来围着项目经理，表决心。

项目团队成员： 经理为我们受苦了。

项目团队成员： 我们一定好好努力，将进度赶回来。

项目团队成员： 大家一起加油！

信息为王

既然沟通要花掉项目经理80%~90%的时间，那拿什么来沟通？掌握项目的状态信息就成为关键，包括进度信息、问题信息、团队成员情况信息及核心相关方信息等。掌握什么样的信息呢？就三个方面：一是信息的全面性即能覆盖项目的全部内容，二是信息的及时性即第一时间获得，三是信息的准确性。

从项目开始就确定信息沟通的要求，保证项目经理能从多个渠道获取信息，尤其是对某个方面的信息能从多个渠道同时获得，可以验证信息的准确性。

项目信息范围：团队成员的工作状态、最近的表现、项目过程中每个活动的问题和状态、项目环境变化情况、项目即将面对的风险。

项目信息的来源：各子项目负责人的项目报告。

项目信息获取计划：在项目启动时就明确，谁负责什么信息？什么时候提供？多久提供一次？以什么方式提供？

信息的获取除了正式的方式，还可以通过很多的非正式沟通方式获得，有时这种方式获得的信息反而更有价值。

对信息的掌握形成机制后，同时要注意是否会出现信息缺失，日常出现的现象比如：项目发起人比你先获得项目信息，他早已经知道，你还不知道，就会陷入被动，事后就要分析此类信息是什么信息，信息流通机制哪里断链了，最后解决它。

不仅在项目管理中，当今社会谁能第一时间掌握最新最准确的信息谁就是“王者”。

项目管理场景小故事

项目发起人： 这个问题是这么回事？

项目经理： 我知道，……

甲方： 项目的交付日期能提前吗？

项目经理： 我知道，……

掌握全方位的信息，成为信息首个发出者，更好地掌控项目，成为项目的“王者”。

授权之后要做什么

项目推进过程中，总有一些工作需要进行授权，但总担心授权后，被授权者无法很好地完成工作，其实做好以下几点就可以放心授权了。

（1）定义好清晰的验收标准。告诉项目工作负责人，授权给他/她负责的工作验收的标准是什么，他/她需要完成什么，什么时候完成，达到什么样的质量即可以被认为搞定了这个工作。但不用告诉他/她完成的方法，这个由其自行负责即可，他/她可以充分地发挥自身的才能。

（2）将其也作为一个项目经理来看待。一个项目其实可以分解为很多小项目，授权做的工作也是一个子项目，那就可以按照项目的思路来开展，所以所有与项目相关的套路也一样可以开展，工作分解、网络图、责任矩阵、沟通计划等。作为监督其工作的输出材料，明确这些输出和这个项目的关联关系。

（3）保持信息通报。确定了工作要求后，被授权人员必须保持项目信息通报，将负责的工作及时通报相关方及项目经理。在项目会议上，由被授权人负责其工作的汇报并提出其他相关联工作的配合情况。

我是基层项目管理人员，我有什么不同

即便是负责一个小项目，哪怕这个项目只有几个人，从某种意义上说，你已变成一个管理人员。

第一次变成一个基层管理人员，虽然管理的范围和人员数量很小，但这是职场很好的开始。有一件事情是可以肯定的，思维方式要开始改变了，作为管理人员与团队成员不同的地方在于考虑的不仅是当前还有未来，是机遇，是风险，思考的是：这个事情有什么风险，这个事情对团队来说有什么机遇。考虑的不是个人而是团队，考虑得要比个人更远，更有前瞻性，这就是思维模式的改变。

这种转变会有难度，普遍碰到的困难是将精力依然放在自己擅长的具体工作上，而不是在团队的管理及项目总体事务上。改变可以从以下几个方面入手。

（1）不能只盯着团队成员的职责和任务。团队管理还应去关注团队成员的各个层面，团队成员的技能提升、团队成员的工作状态，甚至团队成员的业余生活、团队成员的兴趣爱好。保持和团队成员的沟通，识别团队成员的真实处境、做项目的动机，这样能采用对应的方法，对团队成员多一点理解和支持。

（2）开好项目会议。在召开项目例会时，除了讲述本周期内碰到的问题，将来会遇到的风险，还可以分享做得好的工作，包括解决技术问题、协调的好思路等，给成员之间经验借鉴和分享，而不是将例会只开成一个问题讨论会、批斗会。

（3）给予项目团队成员更多的认可。保证有足够的机会在其上级面前认可团队成员。项目经理的职权很小，只有提高自己的专长权和个人影响权，才能提升自己的影响力。而个人影响权的提高，就要靠自己的品德、沟通能力、人际交往能力。

（4）以身作则。此点在我们日常的团队管理中经常提到，同样在项目团队管理中此点也是一个重要基准。项目经理以身作则并不是凡事亲力亲为，应该遵循80/20原理，如果这个事情很重要，为什么项目经理从来不露面或者从来不给出意见和建议呢？所以一个项目展开会有几个子项目，这些子项目有它的负责人，我们可以按照关键路径的思路，对核心路径的子项目给予关注，并保持沟通，任何时候都需要保持参与，这是一种行为暗示，对子项目的成员来说也是信心巩固和支持。

（5）关注关键路径。我们对关键路径的定义已经非常了解了，简单地讲关键路径就是影响工作进度，需要花时间最长的工作路径，但事实上关键路径是动态的，而且这种动态会是一个复杂的过程，不能将注意力定在自己擅长的领域或者路径上。此时全局意识就变得尤为关键，一个项目会是多个路径并行的，保证各路径的进度信息畅通，及时给出判断和决策。

项目管理小贴士：项目经理的能力模型

项目管理是专业知识与管理知识的结合体，项目经理不必成为项目的技术专家，但必须懂技术、懂流程，知道项目有什么问题，能指导团队工作思路和方向。如果什么都不懂，那只能是啦啦队队长，发挥不了多大作用；但如果是技术专家，又可能会不自觉地沉迷于技术细节，而忽略项目管理。

从较为完整的能力模型看，项目经理应该是“3+1”型的，即具备专业技能、项目管理技能、组织管理技能这三项技能，最后的“1”是软技能，包括领导力、沟通技巧、工作热情等（见图7–3）。

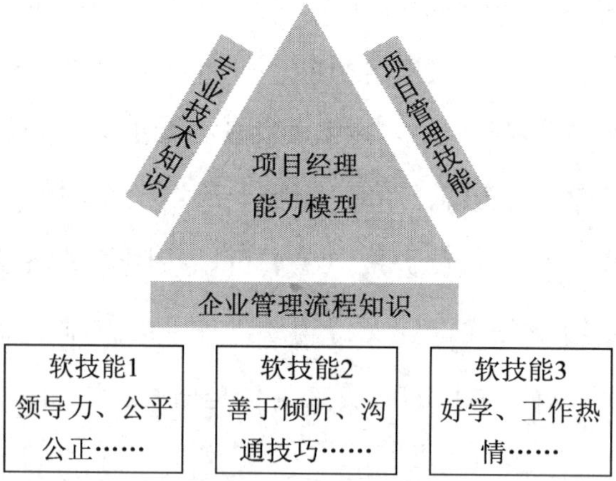

图7–3 项目经理能力模型

对于不同的组织，对模型中的能力需求值是不同的，制造型组织对专业技术的需求值会高，工程项目类对项目管理技能的需求会高。

从模型看，我们很容易理解专业知识和项目管理知识对项目经理的重要性，但组织管理流程就容易被忽略，成为很多项目经理的短板。

8

充满激情的团队

项目团队合作

项目的实现过程需要团队来完成，这是众所周知的道理，既然是团队势必有很多单元、个体，这些单元、个体在一个临时性的虚拟组织里扮演不同的角色，如何让团队高效运转又充分体现项目经理的能力呢？

这里要探讨的是不同项目组织的团队合作问题。如果项目经理对各单元、个体的控制力比较弱，单纯通过交钥匙的管理方式肯定无法得到很好的效果。那如何进行运作和管理呢？

一个人愿意待在一个团队，从本质上来看，无非就是三个方面的原因：一是物质上，比如待遇丰厚、远超预期；二是能学到技能、学到本事；三是工作很开心，工作是开心实现的途径，比如是自己感兴趣、乐于从事的工作，还有能体现自己的价值并得到认同。

作为项目经理，在项目团队管理过程中，为了有效实施管理，可以从这三个方面入手，尤其在弱矩阵型项目组织，多考虑第二、三点，让团队成员学到本事，让团队成员开心工作。

在带领团队做项目，项目经理得到团队成员的最高赞赏就是誓死追随。但做到这点不容易，无论从哪个方面来满足团队成员的需求，最关键的情感基础还是尊重和理解。

团队成员在进入项目团队之前，已具备某项技能或本领，所以才能得到项目经理认可并进入团队内，但如果作为项目经理只是拿来用的心态，如同奶牛产奶，产光了农夫就丢一边，这是错误的做法，还要关注奶牛吃草，要它吃得舒服，吃得好，产更多的奶。所以，要尊重团队成员的需求，理解其行为特点，让团队成员不断成长，给他们学习锻炼的机会。可以从以下几个方面入手。

（1）从相关方管理的角度，要满足其需求。职能型的组织，项目经理具有微权力，在推动跨组织的其他单元时，可以了解最能撼动他们对项目支持的是什么，是上级的表扬？是从项目中获得利益？是在项目发起人面前表现的机会？是学习提升的机会？还是其他？识别出来并列出详细的分析，确定在整个项目实施过程中哪个环节可以实现他们的需求，可以称之为需求实现计划表。

（2）在项目章程中明确团队合作要求。这点可能我们无法描述得很具体，或者不会明确下来，但可以总结类似项目出现过的问题，例如团队沟通障碍、工作进度推进乏力、单元或个体之间衔接点的规则不合理，以上这些问题在项目实施过程中，是会引发冲突的因素，项目经理可以将其规则化，并在团队中形成共识，即出现这些问题后的处理方法是什么。比如节点之间的衔接点，是上游发起进度跟踪督促，还是下游发起；比如出现资源冲突，向上汇报的方法是什么，方式是什么；比如技术瓶颈问题发生后，处理规则是什么。项目经理要厘清团队合作可能出现的矛盾点，减少团队冲突。

（3）保持常态化的团队亮点寻找。这是在弱矩阵下型项目组织比较实用的方法，展示的方式可以是在项目简报、项目会议、项目成员的会面中。而且该方法不仅适用于项目经理，而且可应用于所有项目团队成员，尤其是对于单元与单元之间工作强相关的，应对单元的负责人提出寻找亮点要求，即相互提亮点。

（4）非正式沟通。实际过程中，我们貌似知道这个方法很有用，但可能还很少实施，这是我们含蓄的文化所致，尤其技术型的项目负责人。一旦走出这一步，会发现作用还是挺大的。

让项目团队热情起来的五个撒手锏

团队充满热情，是每一个项目经理梦寐以求的，也是组织希望的，因为热情代表着这个团队充满战斗力，思维更活跃，解决问题效率更高。热情的团队在项目遇到瓶颈时，更能团结一致，解决问题。

简单地通过贴标语、喊口号是无法使团队热情起来的，必须要采取一些行之有效的行动，下面从项目全生命周期说起，从项目启动到项目结束，看看可以做哪些事情，让团队热情起来。

撒手锏1：组织高层或者项目发起人参加项目启动会

在项目启动会中，邀请权力大且影响力大的相关方参加，是一个常用的提高团队士气的办法，尤其是从他们口中讲出来项目情况，包括项目的重要性、对项目团队的期望、项目成功后对组织发展的影响等，都比项目经理自己说所起的作用大得多。

撒手锏2：一起进行WBS分解

工作计划不是项目经理一个人做的，而是项目团队一起做的，其作用不仅是让计划更为合理、可执行，而且可以让团队增强士气。

从需求分析开始，让团队成员一起参与，到立项、项目启动，再到WBS工作分解、确定关键路径、责任矩阵，等等。这种集体的智慧，让大家的参与感达到顶峰，同时让团队成员对工作来源的熟悉，自己负责工作的背景，其他人负责工作和自己的关系等都一清二楚。

一个对目标清晰、职责清晰，且对计划认同的团队，肯定是充满士气的。

撒手锏3：畅通无阻的信息

保证团队内部畅通无阻的沟通，以及信息传递路径，每一位团队成员都能在第一时间获得其应该获得的信息，另外即使和其暂时弱相关的信息，也能有路径可以获得。团队成员获得信息，其实就已经能激励团队成员，尤其一些让团队成员觉得得到信息即为认同，即使这个信息不是表扬、肯定的信息，但是属于项目的重大消息，其在收到信息的有限范围内，第一时间收到那一刻，已经感到自豪了。

撒手锏4：项目报告

让项目报告成为通报项目进展的载体，也成为认同团队成员成果的载体，让大家感受到被尊重，同时对项目取得的一些进展、小成功，也通过项目报告进行通报，大家“举杯相庆”，并将一些关键节点的项目报告进行张贴，让大家看到为此付出努力所收到的成效。

撒手锏5：项目团队一起推进项目管理工作

项目管理工作不仅是项目经理的事情，应该让项目团队成员也一起参与到项目管理工作中，方式有很多，比如项目报告由各个项目团队成员来做，项目会议由各项目团队成员来组织，对项目发起人的部分汇报由团队成员负责，等等。这些措施都可以激发大家的热情。

团队协同需要规避的几个致命伤

协同在近几年的项目团队管理中显得非常受推崇，它强调的是个人与个人之间的合作，强调的是组织性。协同性好代表着战斗力强，但也要特别注意以下几个容易毁掉协同性的致命伤。

◎没有识别出团队成员的弱项、技能缺失问题

并不是每个团队成员都会主动坦诚自己需要指导，并主动向上一级提出。但当出现以下一些现象的时候，就应该分析是不是指导不足了：工作时间明显上升、出错次数增加、情绪不稳定，甚至与其他同事频频出现冲突等（以上问题不一定同时出现）。

此时要主动观察，是否是由于团队成员的能力已经无法与该项工作匹配，那应立即采取措施给予指导。当然这样指导不一定完全是具体技能上，也可能就是思路上，就是对一些业务流程不熟悉。但无论如何，不能将问题怪罪于团队成员自身，因为相互促进、共同成长才是一个好团队的根本；否则成员缺少有效的帮助指导，就成了团队的致命伤，一方面团队成员不断犯错，项目进度受阻，不知怎么办，另一方面项目负责人员又不断指责，最终导致恶性循环。

◎只产奶不吃草

这是一个老话题，项目团队有付出必须要有收获，才能有前进的动力。但你会发现对团队成员进行有效激励可不是那么容易的事，常见的

问题是将激励简单化、单一化，这也是普遍的问题，就是派任务，然后完成工作发薪酬，这样一个单一激励方式已经无法适应时代发展。

对团队成员的激励思考要更细致、多维度、更多元，从日常的问候到年度的表彰，从承担一部分汇报任务到子任务授权等。

只顾着干活，而不管团队成员的其他需求，缺少有效激励，那协同势必受损。

◎对项目缺少自信

协同过程中肯定会遇到困难或者阻力，如何让项目团队成员对项目、对团队充满自信非常重要。一旦出现自信缺失，那么就会出现“破窗效应”。从项目一开始就树立项目自信显得尤其必要，从项目经理自身做起，另外在过程中需要确定几个“铁杆粉丝”，能坚持不懈地支持这个项目，项目自信表面上看比较务虚，但其实如果自信出问题触及的是项目的根基，自信都没有了，其他就不用谈了。

◎未做好工作分工，导致能力强则工作多

在项目开展过程中，项目经理会习惯性地将工作安排给能力强的人，因为放心，这样慢慢地，这些人的工作就越来越多，被压得喘不过气来，甚至导致离开项目团队。在项目实施过程中，要避免这种偏好，做好工作分工。当然如果确实出现了部分员工需要承担过多的工作来渡过项目的某个难关，那么就要和承担工作的员工做好充分的沟通，避免产生负面问题，并且时刻观察，是否可以转移部分工作了。协同的一个好状态，就是不同的人各发挥所长，并能游刃有余。

用好矩阵式组织形式

在国内组织里，大多数项目的组织形式为职能式，这种形式带来大家熟知的问题就是部门墙，对项目沟通产生障碍，对客户的响应速度受影响，矩阵式项目管理组织（见图8-1）可以在一定程度上强化项目经理权力，组织中的人员可以为多个项目共享、调配，项目沟通也会变好。

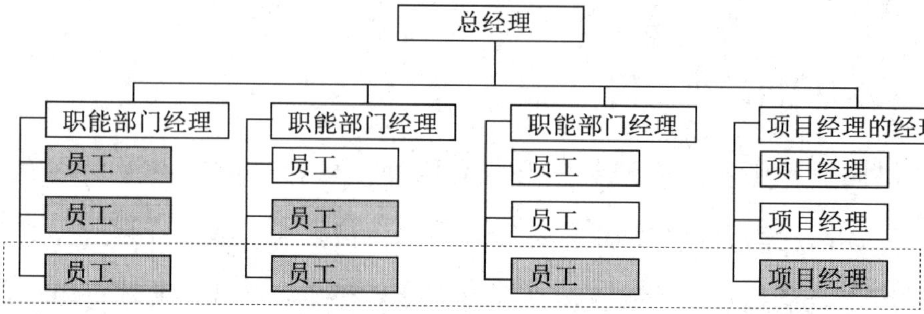

图8-1 矩阵式项目管理组织

那我们很疑惑这个组织形式如果这么好，为什么很多组织还是不使用，因为这个组织模式同样也会带来新的问题，包括双重领导，削弱职能单位对人员管理的权限，这个问题足够致命，所以在实际操作过程中，我们会采用联合办公的形式，先从地理位置上给予项目经理一定的优势，并在项目启动会上对项目经理给予任命。

在职能式组织里，对于关乎组织命运的战略项目，采用矩阵式是一个很好的组织形式，一般情况下此类项目的项目经理任命为职能单位的经理甚至组织高管，这样在具体工作推进过程中才能很好地解决问题，避免影响矩阵式组织的推广。

实施矩阵式之后，为了处理好双重领导的问题，可以理解为职能单位是训练兵的，项目经理是带兵打仗的，组织高层是司令员，而项目管理办公室（PMO）是参谋部。仗打完了，兵回到职能单位继续训练。这确实是一个很形象的比喻。

所以要在项目启动、项目过程及项目结束的时候做好三件事，来保持与职能单位经理有良好的关系：首先是启动时要识别清楚参与项目的成员，在项目周期内还有什么任务，尤其是职能经理安排的，在一开始要与职能经理进行坦诚沟通，形成共识，减少冲突；其次在项目过程中，保证关键阶段节点前成员都能回访职能经理，保证参与成员无后顾之忧，尤其是对表现突出的成员，要适当在其职能经理面前给予肯定；最后在项目结案阶段，要对职能经理的支持给以一定形式的答谢，形成良好的回馈，这样后续的项目也会有更好的合作。

项目管理场景小故事

职能部门经理送别本部门项目参与成员。

项目团队成员： 我走了！

业务单位负责人： 项目经理已经和我谈好了，放心去干吧，回来你还是核心骨干。

和职能经理保持良好的沟通，让项目成员无后顾之忧，更好地服务于项目，是矩阵式项目组织形式成功的关键。

团队“内部矛盾”怎么办

一个职能型的项目团队，因团队成员职责不同，涉及不同的职能部门，由于所在职能部门的利益诉求导致其自身风格的不同，在参与项目的时候，总是会产生矛盾，尤其是不同板块会对项目形成一些固定差异化的认识，影响项目的合作。

在组织内，项目虽然是临时性的工作，但来自各板块的合作的人，会在不同的项目中碰面并不断合作，此类的“内部矛盾”会长期影响团队内部的合作。

如何来不断消除这些矛盾呢？

首先在项目开始前，可以有一些模拟的训练营，让大家有机会同时进行项目实施的情景训练，训练的内容恰好是在项目团队会碰到的问题，并提供方法和软技能，可以将团队实际中可能会产生冲突的成员进行刻意搭配，形成“战斗”小组，设置一些需要成员相互合作完成的课程训练项目，这样会让大家很快地相互理解。

其次从物理距离上拉近不同板块人员，可以设立项目专用办公室，所有与项目相关的工作都必须在这个办公室完成，确定固定的办公时间，保证团队成员在一起的办公时间。

还有就是保证一定频度的非正式沟通，让大家在轻松的环境下更多地相互认识。

以上这些都是从物理距离上，拉近大家的距离。有美国的心理学家做过实验，如果两个陌生人，只要在一个固定空间内相处七天，就会产生感情，成为好朋友。当项目经理遇到团队内部的矛盾，有所谓成见在的时候，可通过物理距离的拉近，使大家更多地相处，相互了解消除成见，避免给项目造成隐患。

最后可以引入外部压力或者外部威胁。当团队遭到外部压力时，成员会变得特别团结，一起抵抗外来威胁，也就达到增强团结精神、提高凝聚力的目的。

项目管理场景小故事

项目团队成员来自不同的组织，刚启动项目不久，团队成员相互指责。

项目团队成员： 他们团队积极性很差的，要小心。

项目团队成员： 他们团队总是拖后腿。

项目团队成员： 他们都是老油条。

项目经理： 从今天起，大家一起到A项目专用办公室办公，一起讨论方案，一起参加培训，一起吃饭。

一段时间后……

全体项目团队成员： 我们是一个团队，要相互支持！

项目冲突

项目管理充满着冲突，所以用“没有硝烟的战争”来形容一点都不过分，项目的特性决定了它必定有挑战，如果你从事的项目没有挑战，从某种角度可以理解为：那可能是一些事务性的工作或者简单的项目，不会产生骄人的业绩。

一个项目经理带领团队推进项目时，要和各职能单位之间进行交流沟通，解决问题。冲突在所难免，尤其是常出现资源冲突。

面对冲突，无论是项目经理还是项目团队成员，不能怕“冲突”，一切风平浪静，大家“和平共处”反而是最危险的，冲突能暴露问题，也能推进问题的解决。

所以要对项目团队成员传递一个坚定的信念，冲突不是问题，问题是面对冲突的态度。

很多时候，冲突发生后，我们在主动解决冲突过程中，有可能面对上级责问，但也不一定是坏事，因为责备可能正好“暴露”了上级的真实想法和潜在需求，反而能使我们的工作方向更清晰。所以项目管理也是挑战和机遇的结合体：项目虽然有挑战，但和机遇并存。项目经理在面对项目时，要充分估计好即将碰到的问题，做好心理预期，同时也要向团队成员发布将带来的“好处”，激励团队成员，用正面的心态面对一切冲突。

赞美无敌

赞美确实是无敌的，人类的天性是喜欢别人赞美自己、表扬自己，不管年龄，不管性别，均是如此。在家庭内，赞美亲人也是如此，发现家人美好点滴，勇敢地表达出来，使得家庭更和睦。当赞美变成一个习惯，你会发现周围充满了阳光。

我们其实已经很清楚这个道理，但不一定能运用自如。其实方法并不难，就是从赞美你身边的人开始，如果你负责管理团队，就要有一双发现“美”的眼睛，将团队成员的亮点都主动记录下来，可以在某次团队会议进行一个正式的广而告之的认可。

曾在各大院校流行的夸夸群，就是如此，利用大家对赞美的向往，很快地流行开来。但赞美不是随意的，在项目管理中，赞美也要有方法和角度。

首先赞美要基于具体案例，不能夸夸其谈，要夸到点子上；其次对于赞美的对象，不仅是项目经理可以夸团队成员，跨组织之间成员也可以相互夸，尤其对于职能型的项目团队。

赞美的习惯应该渗透到日常的项目工作工程中。

赞美可以从以下五个角度开展：一是优秀的个人特质，比如有责任心、乐于助人、有毅力等；二是对项目目标产生直接作用的事件，比如解决瓶颈问题；三是个人专业技能，比如高超的技术创新能力、熟练掌握项目工具等；四是项目领导力，比如带领本小队的能力；五是项目宏观控制力，此点主要是指对风险管理的宏观控制，对项目环境的敏感性等。

项目管理场景小故事

近期团队内部冲突不断，于是项目经理决定召开夸夸会，要求必须相互点赞，并指出具体点赞事例。

**项目团队成员：**在项目发起人的汇报会上，将问题主动承担下来，很好地缓解了我们的压力，使得我们能更好地解决剩余的问题。

**项目团队成员：**上次在与甲方的技术交流过程中，很好地阐述了我方的技术优势，进一步地保证甲方对我们交期的信心。

……

各成员相互拥抱。

团队内挖掘亮点，相互点赞，使得团队更多地相互理解和支持，有效地缓解日常之间的冲突。

项目管理小贴士：项目当中的“上甘岭战役”

锤炼项目团队，使用“上甘岭战役”的思路是一个好方法。经历过一个充满艰险和挑战的子任务、一个需要项目团队高超团队合作精神的子任务后，一个团队会脱胎换骨，成为日后项目攻坚克难的猛将。我们要创造这样的环境、这样的机会去历练团队。

在项目团队中，会存在不同的工作年限人才梯队，对于项目团队的培养，需要上甘岭式的战斗过程，可以称之为“攻关”。尤其对团队当中一些有进取心但经验较少的人员，通过“上甘岭战役”使其迅速成长，并成为后续项目的中坚力量。

“上甘岭战役”可以是一个项目，也可以是项目中的某项工作，经历过这样艰苦卓绝的战斗，无论是人的技能、工作自信心，还是成员之间的默契度，都已经没有任何问题。

但我们要意识到，“上甘岭战役”有时可遇不可求，不一定能在恰当的时机出现，所以在实际项目中，我们可以创造这样的机遇，目的就是锻炼团队，比如项目的某个活动，周期可能没那么紧张，我们人为地设定门槛，提高整个活动的难度。

9

有用的项目管理工具

项目管理工具有用吗

项目管理本身就是一个方法论，它是项目管理理念和项目管理工具的结合体，既要全面掌握项目管理方法论，也要学习项目管理的专业理论知识，同时要研究掌握项目管理工具。项目管理工具在项目管理的所有知识领域都涉及，它是我们使用项目管理方法推进项目工作的利器。

作为项目管理的从业人员，我们要深刻意识到，工具没有好坏之分，任何工具先用起来是极其必要的，即在组织的核心项目、战略项目中将工具引入，通过不断使用积累，完成工具本土化积累，自然可以逐步掌握工具使用要点。所谓先僵化、后固化、再优化，如总是对项目管理工具停留在学习阶段，不断质疑其实用性，是不能掌握其精髓的。项目管理的工具和方法很多，相关方登记册、计划评审技术（PERT）、关键路径法（CPM）、WBS、挣值法等，学习其理论并不难，重点在于如何将其用于实际，所以提倡先用起来的思路，即便是先形似后神似也可以，实践得真知，在实践中转化变化，最终适用工作实际。

◎项目相关方登记册

项目相关方指的是项目的参与方及对项目结果有影响的个人或组织，项目成功的关键就是做好相关方管理。项目相关方登记册是在项目相关方管理中常用的工具。项目启动之初，就要对项目所有相关方进行识别和梳理，包括相关方的基本情况、权力、影响和作用，尤其要在相关方登记册上记录这些相关方在各项目阶段的任务。

为了规避相关方识别的遗漏，可以采用项目任务进度时间轴的方式，从项目全过程来掌握各节点的相关方、负责人来保证相关方完整性。相关方管理的核心是保证相关方的利益、需求得到满足，所以在相关方登记册里需要写清楚其需求，以便在后续项目任务跟踪、项目绩效评估过程中方便参照。

◎WBS

WBS即工作分解结构，可以分为按交付成果分解（产品导向型WBS）和按项目活动分解（活动导向型WBS）。

完整的WBS可以清晰地表达项目范围，并对项目的成本进行准确的估算，对项目进度进行清晰的计划。需要注意的是，WBS必须由项目团队成员一起完成，在这个过程中，可以让团队清楚任务的来源、背景及可能遇到的风险，以提高后续工作的执行力。

◎责任矩阵

责任矩阵就是将所分解的工作任务落实到职能部门或个人，表示出他们的关系、责任和地位的方法，它可以清楚地反映工作责任和相互关系（见表9-1），尤其在职能式项目组织模式中，通过责任矩阵强化分工，减少后续分工争议的风险。

表9-1 责任矩阵

责任者 WBS	项目经理	项目工程师	项目发起人	客户
市场调研	▲	□	○	□
商业决策	▲	□	○	□
项目启动	○	▲	□	□
项目开展	○	▲	□	□

注：□表示通知；●表示辅助；○表示审批；▲表示负责。

◎里程碑计划

它是以项目中某些重要事件的完成时间或开始时间点作为基准所形成的计划。里程碑计划的编制，可以采用头脑风暴法或关键路径法(CPM)，通过关键路径的识别，将路径上的节点作为里程碑。

对于里程碑计划表（见表9-2和表9-3），我们还可以进行优化，增加里程碑事件的完工要求、输出文档要求、事件第一负责人和参照的规范标准等。该计划表是项目经理日常进度要求的核心依据，结合项目例会，可以有效管理项目，纠正偏差。

表9-2　里程碑表示例一

里程碑事件	1月	2月	3月	4月	5月
A	▲				
B		▲			
C				▲	
D					▲

表9-3　里程碑表示例二

序号	里程碑事件	交付成果	完成时间	负责人
1				
2				
3				
4				

◎甘特图

甘特图（见图9-1）可用于进度计划编制和进度控制，表达直观，适用于小型项目。甘特图可以体现完成比例、责任人和具体日期等。

一般来说，我们在项目团队的办公场所可以张贴甘特图来显示项目进度，而且随时进行更新，使得团队能自我提醒，同时在项目的例行报告，尤其是给项目相关方的项目信息沟通报告中，可以放入甘特图，传递项目进度信息。

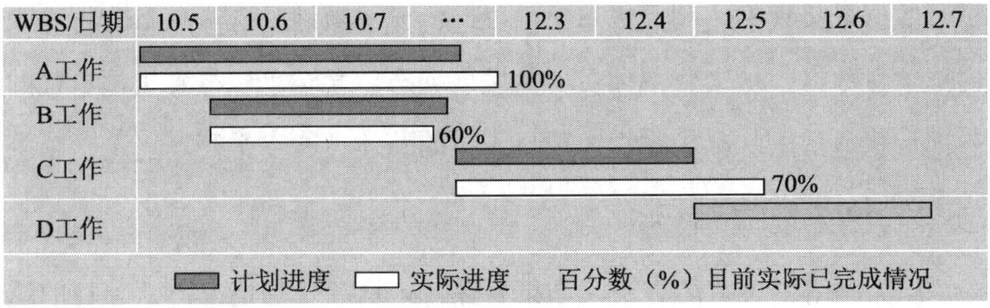

图9-1 甘特图

以上简述了几个常用的项目管理工具，需要强调的是，工具的核心不是知，而是行，在于运用于组织实际，尤其对于开始探索用项目化方法武装管理的组织，更应如此。

跨知识领域的工具

项目管理知识体系已经非常完善，但随着时代发展，项目越来越复杂，我们需要更多的其他领域的知识来支撑项目管理工作，将其融入项目管理中，跨知识领域的创新因此而诞生。

当前流行的大数据、智能制造、“互联网+”等，其中的一些理念和工具都可以转化到项目管理中，比如数据可视化工具、Minitab的PPK分析、项目报告展示、QC手法等，我们通过对这些新的理念、方法的研究，逐步地将其转化为可以推进项目的动力，成为项目管理工具一个新的分支。

项目管理即问题管理，我们在面对项目集管理的时候，如何识别出共性问题，并提供高层决策是一个关键工作。例如，使用大数据思维，搭建数据采集模型，利用信息化手段，源源不断地输送给项目分析组织内部项目数据，从中获得项目群的发展动态，甚至可以得到资源单位的内部现状、健康状况，组织内项目人员的整体技能水平等。这是一个大数据在项目中应用的例子。

比如采用仪表盘的方法，如果要评价一堆项目的情况，从项目的达成情况、人员绩效、项目评价等不同维度，通过不同的比重设定，得出一个相对全面的晴雨表评价。

比如通过一定样本量的项目过程数据，通过六西格玛过程能力分析，可以得出项目的能力指数，以及后续的发展趋势，为项目后续的管理提供指导。

这些一直以来和项目管理学科非直接相关的领域，其中诸多工具正成为项目管理推进的新形式。

项目管理游戏化思维

许多人一谈到游戏总是排斥的，看到“游戏”两字都可能觉得刺眼，觉得游戏就是玩乐，就是不增值的（除了游戏开发商）。

其实游戏化能成为组织所运用的功能强大的组织过程资产，游戏的本质并不是娱乐，它是人性与设计巧妙地融合后的产物。基于此，可以将此思维用于项目管理当中。对于项目集管理而言，通过游戏化思维，将项目过程的不断推进设定为游戏的不断通关，将游戏化的元素融入其中。

先来看看我们日常常接触到的，游戏化思维的最好体现，比如我们用的微信运动中的步数排名，会因为你的某项表现而给你颁发勋章，这里就用了游戏化思维，游戏化的要素包括积点、勋章、排行榜、反馈。我们可以给游戏化思维一个定义：在非游戏情境中使用游戏元素和游戏设计技术。

做任何一件事，都有原因和目的，首先我们来理解为什么要实施游戏化。其一是游戏化可以提高参与度，这是从人的心理角度出发，人都渴望解决问题，得到反馈和认可，愉快的体验感，这是人类最原始的需求，而这些都是可以从游戏中获得。其二是实验，玩游戏会失败，但可以重新开始，就是不断尝试，不断寻找更好的过关方法，这不就是目前组织说的不断创新吗？其三是游戏化有效，能形成成果。已经有很多知名公司在运用它，如耐克、微软及三星。

当然游戏本身不是核心，而玩家才是核心，游戏的设计必须要让玩家在游戏中有掌控感，激起兴奋点。玩家玩游戏是为了赢，那如何吸引玩家呢？其中等级是一个关键，吸引玩家不断挑战新的任务。

真正要实现游戏化在商业领域的运用，要解决几个问题：一是动机，即价值，不能为了游戏而游戏，玩得开心但毫无价值，创造性的、事务性的工作都可以使用游戏化，尤其对于项目当中的事务性工作，可以提高参与度和有趣性，提高工作效果；二是游戏活动要有趣；三是数据化，即数据化玩家的行为，并能快速地反馈出来，给予对应的激励或者惩罚，这一点我们在玩游戏时感受最为明显，比如在项目管理过程中一些有价值的问题突破进行记录；四是避免和组织现有制度的冲突，比如我们常用排行榜这样的游戏化思维来进行员工或者团队的绩效评估，常常适得其反。所以，游戏化是一种方式，能为人们提供真正意义上的快乐，能帮助人们在发展的同时实现自己的目标。

解决完这些问题，我们来说说游戏化实施的三个核心要素：积点、勋章和排行榜。积点我们普遍认为是通过完成任务而获得的，点数可以用于晋级，表示玩家完成工作的进程，游戏设计者可以将点数与奖励建立一定的联系，用积点换奖品。勋章是视觉化的成就，可以激发努力的方向，是一种虚拟身份的象征，具有认证功能，同时也能让设计者知道玩家关心什么，表现如何。这些是积点无法达到的。所以，组织内部的游戏化设计系统，就会用勋章来证明员工的技能，完成一些重点的关口，阶段性成果都可以用勋章进行表达。最后是排行榜，这个要素可以说发挥的作用最大，也最难运用，它将用户公开化，在项目经理间或者项目团队间形成良性的竞争，当然有时也会削弱玩家的士气，所以设计多个维度的排行榜就成为必然。

进入组织内部管理系统的游戏化设计，我们需要清楚地分为六个步骤。

（1）明确商业目标，这和我们做项目时立项是一样的，对相关方产生什么样的价值，为什么要做，当然这要很具体。

（2）划定目标行为，即用户行为，并想好如何衡量他们的行为，希望他们做什么，来满足设定的商业目标。

（3）描述你的用户，他们是谁，和你什么关系，怎么样才能激励这些“玩家”，内在动机和外在动机是什么，用马斯洛需求理论试一试。

（4）制定活动周期，如同项目生命周期一样，这是一个进阶的过程。

（5）要有乐趣，这点非常重要，在组织管理中的游戏化是一件严肃的事情，但是同样不能忘记游戏的本质，用户要能自愿参与。

（6）部署适当的工具，即我们前面提到的三要素。

游戏化确实是有趣而具有挑战的思维模式，富有想象力的组织管理者将把它用于我们没有发现的领域，可以用来提高生产力，目前用得较多的是人力资源和销售领域的项目。随着时代的发展，大数据时代来临，大数据与游戏化相结合，使得游戏化更高效。

该工具方法重点是游戏化而不是游戏，游戏化是在行为机制、游戏设计基础上构建起来的游戏机制。它涉及人类学、社会学、心理学、数学、计算机科学、人机交互、生物学、教育学及经济学。

项目管理行为设计

项目管理的行为设计，就是项目管理的仪式感，它们是相通的，我们要用行为设计学的理论，去设计项目管理，用峰值定律让相关方体验项目的历史时刻，提升团队的使命感。

首先我们来谈谈历史时刻。这点很容易理解，里程碑就是一个关键的历史时刻，历史时刻可以让团队对过程的艰辛忘却，产生刻骨铭心而意义重大的体验。这个里程碑的输出物将是承载这个历史时刻的关键，如项目的商业论证通过，将论证报告装订成册，装裱，团队签字，挂在项目团队办公室；如产品首台样品完成的下线仪式，给其中表现突出的成员授予勋章；如突破某个技术难点，制作一件写有“突破×××技术点”的T恤，赠予突破难关的成员。当然我们还有很多方式，打破脚本就是主要方法，制造意料之外的时刻。

其次是使命时刻。使命感比激情更为重要，这是我们动员大会的重要性，在弱矩阵团队中，提高全体团队成员的使命感重要而又富于挑战，定期召开场面宏大、内容上进并有煽动性的全体成员大会，就是一个提升使命感的好方法。正式的任命书也是如此，电子邮件是无法代替纸质证书的，当收到一个成为某个核心项目的团队成员的任命书时，成员会何等的自豪，那正是使命时刻，项目团队成员因为这个项目的存在而被连接在一起，因为一起为项目努力而开心。

最后是感知时刻。这个和我们日常项目管理当中提到的当面沟通有些类似，项目管理是问题管理，如何让相关方去解决问题，我们需要将大家的注意力先放在问题有多严重上，以触动大家的感知，否则我们推动解决问题的方案即使再完美，可能也不会被接受。如资源问题，当我们的项目受阻，那我们就带相关方去受资源问题影响的项目进度现场；如流程问题，那我们就让被流程痛击的人，在职能单位面前描述他们有多痛苦。这些都是感知时刻，真相使人觉醒，项目推进的方案就会容易落地。

敢于去尝试，成为项目管理的学习者和创新的践行者，是每一位项目管理人的宗旨，先不要问行不行，试一下，不就知道了！

项目管理场景小故事

资源告急，项目经理跟高层诉苦。

项目经理：目前这个项目急需增加物资，生产一线的工人都快要罢工了。

高层：没问题的，再坚持坚持就好了。

项目经理：我们去现场看看。

现场工人们由于物资缺乏，处于停工待料状态，怨声四起。

高层：（触动，打电话）XXX，赶紧把物资调过来。

创造感知时刻，让相关方感知问题的严重性并解决问题。

项目管理仪式感

“仪式代表的是一种心理锚定，即把一种行为与自己的某种感觉结合起来，仪式总的来说，就是代表一种对自己的人生的控制感，感受到自己的力量，就像呵护郁金香一样需要一步一步精心培养。”（摘自《知乎》）

仪式感并非形式那么简单，我们往往容易忽略其内在的拉动作用，和对项目相关方的影响，而关注事情和可交付成果本身，以至于忽略仪式。项目管理从项目启动到项目收尾，每一个阶段都有非常关键的节点，上一节点的输出作为下一个环节的输入。在关键时刻，采用一种形式、一种表现方式，来强调该项任务的重要性，使得项目团队获得成就感和历史感，由此提高项目管理的工作效率。这是一个性价比非常高且实用的方法。

我们可以从项目全生命周期来分析哪些阶段可以强化项目管理的仪式感。

业务需求阶段

需求调研的细节往往关系到项目最终的成败，识别客户潜在的需求尤其重要，这些需求被识别出来之后，一步步变成我们项目合同中的内容，合同签约仪式，就是一个非常重要的环节。

无论是组织的内部项目还是与外部组织合作的项目，可通过合同签约仪式，来宣告项目的正式启动，并展示项目成功后能取得的效果，给项目相关方一个期待。在这个仪式上，授予项目经理正式的聘书，并宣布项目经理的权利和义务，项目团队成员合影，标志着项目正式启动。

项目计划阶段

对于关系到组织发展的重要的战略项目，可以制作一些有项目名称的T恤，比如“×××项目攻坚战斗团队”，发放给项目团队成员；可以为项目团队的各板块成员制作几张特写照片，张贴在项目办公室；也可以为项目团队成员制作印有“×××项目专用”的笔记本、水杯等。

这些方法虽然简单，但很实用。其实我们的先辈们就有这个传统，或许我们在家里就能看到父辈或者爷爷辈家庭成员使用这样的杯子。

项目控制阶段

详细开发的产出包括项目的项目文档、阶段性成果等，用于提供给生产单位进行生产，这是项目的攻坚阶段。对于一些项目过程的难点问题，一旦被解决，这些问题的解决者可以被授予一些荣誉，在周期性的项目会议上被予以表彰，在项目团队的办公室内张榜公布。一些好的设计方法或者技术，甚至可以以其名字命名。

项目样品阶段

应该说样品或者说是该项目的产出物，一旦完成，将是这个项目具有里程碑意义的大事件，此时对项目团队来说已经胜利在望，组织项目团队与项目的样品举行下线仪式是一个非常好的方式。如果组织内具备一定的宣传媒介，可以邀请媒体记者进行采访，形成通迅稿在组织内传播。

项目收尾阶段

项目一旦通过相关第三方审核、甲方验收，将进入收尾阶段。收尾阶段举行项目庆祝大会，是必不可少的，然而还有更好的方式，就是将项目的各项产出庄严归档，比如一些项目过程中留存下来的有强烈纪念意义的物件在组织的档案室给予保留，由项目组和档案保管人员进行交接。

在项目开展过程中，我们需要一些仪式感，仪式是一种信仰的体现，项目启动会对项目经理的正式任命，项目开展过程中与产品首样的合影留念，对优秀项目经理的授牌等，都是仪式感的代表。制造仪式感能提高团队的向心力和凝聚力，也是进行项目成果展示和沟通管理的好方法。

总之，仪式感不仅仅存在于人们的生活之中，也存在于项目管理之中。

PDCA

工作强调执行力，项目管理也强调执行力，但执行力不是项目经理在每次项目会议上大喊大家要提高执行力，而是需要项目经理的实际行动，也需要一些方法与工具。

PDCA这个英文简写称为戴明环（见图9-2），即闭环管理（计划—实施—检查—行动），这是一个很有用的工具或者说是项目问题解决的方法，用于项目会议决议监督执行效果非常好。

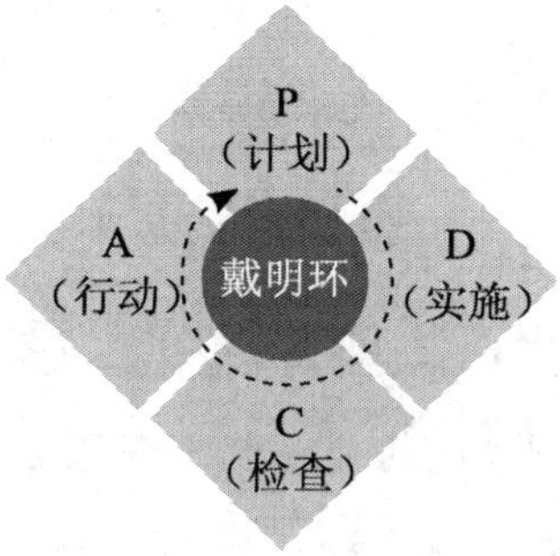

图9-2　戴明环

项目过程中，会有各种各样的会议，会后完成会议纪要、会议备忘录的编写，然后发出执行，这是一个常规标准步骤。

但会议决议如何落地，并达到会议决议预期的目标，就成为我们常碰到的问题。常见的情况是会议开完，不断有新的会议决议覆盖，然后就有一些会议决议被遗忘了。

首先保证会议决议有明确的负责人及完成时间，这是一个基础，特别指出的是负责人必须是一个，而不是多个，一旦确定决议，就要“死跟”，不关闭不休，除非此决议在新的项目状态下已经不适用，并得到了原决议提出人的认可。

对于决议跨度时间比较长的，在后期，往往会因为已经没人在关注，或者不着急，最易出现“消失”的情况。从另外一个角度，作为会议决议的执行监督人，需要树立自己的品牌，坚持PDCA，没有任何东西触发决议关闭，那就要有不完成决不罢休的决心。这样时间长了，就形成了自己的品牌，大家就会很认同你的监督执行能力和闭环管理能力。

项目管理场景小故事

项目会议现场。

项目推进专员： 好，今天的会议到此，后续请大家认真执行。

三个月后……

项目经理： 这个问题，我记得以前的XX会议决议里已确定，怎么到现在还是这样！

（布满尘土的会议决议文案，被遗忘在角落……）

没有PDCA的会议决议等于一张废纸。

项目管理小贴士1：项目管理是方法论+工具

作为一个完整的专业知识体系，项目管理有其全面系统的体系。

项目管理其实就是方法思维与工具的结合体，方法思维的掌握比工具要难得多，需要长期的积累，最终将学习的项目管理知识变成习惯。比如我们常碰到的弱矩阵下的团队管理，假设一个场景，在电梯里你遇到了你的项目成员小A及他的上级，刚好近期小A在你的项目中表现突出，你就可以对着他的上级好好地称赞一下小A。

这就是相关方管理的思维，不放过任何一个可以表扬下属的机会。如果你没有这个意识，那这样的场景，你只会简单打个招呼就过去了。项目管理的方法思维，通过不断地学习和实战运用，最终会成为一个习惯，在项目管理过程中自然地展示出来。

项目管理工具有很多，包括WBS、PERT、CPM、责任矩阵等。对于工具的学习并不复杂，只是在实际工作过程中并不是每个工具都适合你的项目，其实最关键的是先用起来，边学习边使用，并不断地本地化，最终成为具有本土特色的工具。如果只是看看而不实际应用，就容易忽略工具的真正作用。

项目管理小贴士2：点检式管理

点检式管理就是条目化管理，我们在项目管理过程中，比如进行项目文档管理、项目问题管理时，都会遇到各种各样需要罗列的数据、问题、清单等，而点检式管理是一个很有效的管理方式，它将项目中的事务性工作进行属性分类管理。

能将点检式的表格管理变成一个好的项目工作习惯，将很好地使项目管理明晰化。表格化可以是项目问题描述的载体，可以是分类汇总的方式，把复杂的文字表达清晰化。每次接到项目工作时，就可以问一下：是否可以做个表格进行点检式管理？

10

PMO的建立与运作

PMO如何突围

我们在很多文献和论著中都可以看到PMO能发挥很好的作用，但在现实组织中，总是事与愿违，在各类项目组织里，PMO的生存都比较艰难，使得很多组织在怀着一股热情设立PMO没多久后，又取消PMO或者淡化PMO的职责。

所以如何设立PMO，并能很好地发挥其作用，一直是我们热衷讨论的话题。

PMO的建立多是组织高层推动，但实施一段时间后，又可能会被高层撤销，其原因很多，但多是表现出来的结果与原来期望的不一致，无法成为组织管理项目的左膀右臂。

一开始，PMO这个组织肯定是雄心勃勃的，并以推行组织的项目管理制度、提升项目成熟度、对项目经理进行考评为己任，并作为组织高层管理项目的左膀右臂而存在。这样的思路，其实一开始就将PMO放在了各项目项目经理的对立面，为后续工作艰难开展留下了伏笔，以至在PMO不断推行“优秀的”项目管理制度和流程，以及对项目经理进行任务督办时，处处碰壁。

PMO的发展其实也要经历一个过程，一开始无法成为项目的总体控制者，要先从帮助项目经理解决具体问题做起，夯实PMO的群众基础，并持续坚持下去。PMO的生存都必须以取得项目团队的信任和认可为前提，然后才能提战略层面、项目集管理层面。要保证PMO生存，这是一个系统工程，可以从以下几个方面入手。

（1）建立组织内部的项目管理文化氛围。我们跳开PMO内的成员是否有足够的能力、设定的组织架构是否合理、运作的制度和条款是否符合实际的问题，其实有一个关键问题往往被我们忽略，就是土壤，或者叫相关方的思维模式。所谓“三观不合半句多”，其实PMO的推进也如此，只有具备了良好的项目管理文化土壤，一切才会水到渠成。从组织管理层到一线业务人员都具备一定的项目管理的意识，对此知识体系有了解，对PMO的思维模式大家才会更容易接受。

PMO专员可以开始强化项目管理文化建设，组织项目管理知识普及，开展项目化体系基础建设等，“群众”对项目管理掌握彻底后，对项目生态圈才有充分的认识。PMO清楚知道组织内项目经理的短板后，通过长期问题的培训，强化项目经理的项目意识，并传递PMO与项目团队间的合作共赢关系，也使得组织内的项目管理文化氛围浓厚。逐步开展组织内项目管理从业人员的资质考评，使得项目管理意识、文化被大家所熟知，最后可以组织一系列的以项目管理为中心的项目绩效评估、激励。

问题来了，这一文化如何建立？中国历经上千年才逐步形成今天的文化，这是一个系统工程，组织的项目管理文化要深入人心，谈何容易！如果没有什么“事件”，或者机缘巧合，怎么可能迅速建立！那就得靠坚持。

没有文化的土壤，推进确实会步履维艰，热爱项目管理事业只是我们前进的动力，但必须要有合理有效的方法，项目管理的魅力才能散发光芒。管理发挥作用大多数时候是很缓慢的，有“随风潜入夜，润物细无声”的意境，所以要让大家意识到并不能那么直截了当。尤其在目前市场竞争的环境，迅速“救火”，往往比做好风险预防要更容易被接受，或者更显得有战斗力，而风险预防就需要考验对项目问题分析总结的能力，以及形成风险点检表。这当然要费力得多，而且不易直观地看到其带来的效果。没有系统和专业的项目管理，项目的成功率或者是效率至少要低50%，这已经被多少项目验证过，所以要从文化入手，有了土壤，PMO才能更好地发挥作用，为所在组织贡献力量。

（2）对PMO的团队成员进行技能提升管理，保证其专业性。PMO专员掌握项目管理专业知识是必备要求，以及通过第三方的资质测评，使得专员在组织内成为最具有专业能力的人员，这样可以承担更多的项目管理专业知识培训工作，以及在用项目管理方法支持项目上能更好地发挥作用，在组织内树立权威。企业内为了能建立强大的项目管理基因，可以自主建立一整套具有组织特色的项目管理理论知识库。

（3）确定组织内核心项目与PMO专员绩效绑定，共进退。PMO工作的主体是项目，其和项目团队的本质目标是一致的，就是保证项目按时按质完成，所以从这一角度，PMO专员首先要解决的是如何能发挥自身的优势，对项目的推进产生积极作用，与项目经理形成合力。只要做到这一点，足以让PMO专员有了立足之地。项目推进的重点，可以从项目资源的协调、与项目发起人的汇报寻求支持、项目共性问题解决的角度出发，这些都是PMO的优势，而且是项目经理和项目团队所急需的。通过合作，PMO深入项目内部，并与项目经理、项目团队形成合力，取得信任。

（4）将流程建设、共性问题解决作为PMO的工作核心之一，使得

PMO成为问题终结者。需要进行项目管理成熟度建设，通过项目管理流程建设，强化项目管理的制度化和标准化，优化组织内的项目化管理制度，使得每一个项目工作都有据可依，特别是重点确定项目团队的绩效评价制度。

（5）掌握项目经理的评价和项目绩效的评价权。提升到战略层面，PMO逐步提升能力，参与组织战略制定，包括项目管理战略的制定和实施工作，开始考虑组织内从职能式向强矩阵型项目模式转变的可能性，逐步考虑推行瀑布型+敏捷型两者相结合的项目管理模式，将项目经理直接纳入PMO内部，推行跨职能产品开发团队。

从马斯洛需求理论来看，人首先要满足温饱，需求才能不断升级，从交流沟通，再到认可。其实PMO也是如此，首先要满足温饱，即PMO需要先生存下来，先要获得最基本的认可。这里每一步，都需要稳扎稳打，所有步骤都要有一个落脚点，那就是：我有用，有人认同。PMO在多项目管理的组织存在非常有必要，处理得好的，会成为组织管理项目的撒手锏。随着项目管理的发展，已经有很多组织逐步在试点PMO，当然也遇到了很多挫折，但总体向好。

PMO推进问题实用四法

在PMBOK中，我们能清晰地知道应该如何建立PMO，应该赋予其什么样的职责，该用什么样的人来从事PMO的工作。项目前期的策划、定级，过程管理、变更管理，以及最后的项目绩效评估，都需要PMO的身影。但进行到运作层面，我们发现PMO有时会成为我们期待的高效运作的阻力，或者不被项目经理待见、不被职能单位待见。凡是PMO的职能，PMO成员竭力去推进，却总是冲突种种。以下为几个实用的方法。

◎合伙人法

PMO的优势是对项目宏观问题的准确把握，以及接触更先进的项目管理理念和管理思路。PMO的成功除了需要得到高层领导的支持外，与职能单位之间也要形成很好的合作关系。这样的合作不仅仅是为了推进本组织的项目，支持项目经理。

为了和职能资源单位、项目负责单位形成良好的协作关系，PMO可以充分利用自身管理资源为其提供支持，比如驻点的方法，比如合作做项目。驻点需要组织的合作氛围，以及部门经理给予一定的支持，驻点安排PMO成员直接下沉到一线单位，前提是带着一些课题，进行项目管理研究工作的无缝对接，以推动职能单位的流程优化，实现工作增效或者项目自身效率推进，特别是这些项目是可以推进职能单位达成关键绩效要求的，由此将PMO和项目单位绑定在一起。

◎共性问题法

在多项目管理过程中，随着管理幅度的增大，组织高层往往无法得到一些问题的本质或者决策实施之后的真实情况，PMO在面对项目集管理时，更多从组织整体资源的角度看待问题，从解决问题实施措施延伸到执行效果角度看待问题。对于共性问题主要指的是项目间均产生的问题，需要PMO有独到的视觉和对问题敏锐的察觉，而这些问题是一线单位不会想到的。

共性问题包括资源管理的共性问题、团队绩效的共性问题、产品线的共性问题等，当PMO识别出来，并进行共性问题分析，提交高层决策时，成为存在价值的亮点所在。我们识别的问题不能是公众都知道的问题，而是问题的深层原因是什么，以及背后的根源。

◎亲身践行法

PMO作为项目管理的推进者，容易陷入自我感觉良好的境地，不理解制度、流程这么好，为什么大家不用（所以有些组织的PMO也叫流程管理部）。结果多半是产生冲突，很多时候管理层出于一些考虑，而暂停这些要求的执行，与其这样，还不如我们践行一下。我们创造一个环境，来亲自实践流程，将自己的角色直接放到项目团队成员或者职能单位人员的位置，一切按照实际的操作完成，每一步都不忽略、不弱化，无论是项目管理流程再造，还是组织过程资产的管理要求。之后我们会收获很多，包括问题及效果。

同时从另外一个角度，如果我们在践行前已经证明制度可行并且有足够的数据支持，亲身践行也不失为说服对方的好方法。

◎信息化工具法

在大部分组织中，都会有专门的IT部门或外部承包商来支撑本组织的信息化建设，IT人员对业务流程非常熟悉很难做到，所以在实际的工作中，我们会由于无法得到强力的信息化支持而痛苦。在PMO日常工作推进过程中，利用信息化的工具解决问题，会产生非常好的效果，此点毋庸置疑。PMO成员中如有能掌握一定的信息系统开发能力，或者软件工具的人员，可以说对PMO的工作是如虎添翼，他们被称为懂IT的项目管理业务专家，所以在PMO成员岗位中设置信息化专员非常必要。

在数据时代，PMO依靠数据进行工作精细化管理成为必然，尤其是面对日新月异的项目，新的挑战越来越多，PMO需具备强有力的信息化推进力，以此来武装自己。

建立项目化体系是PMO落地的基础

项目管理思路已经存在于日常工作的方方面面，立项、项目章程、里程碑、项目合同、项目经理、项目报告、组织过程资产等项目管理的核心理念渗透其中。PMO在组织内推行项目化的好处是更有利于渗透项目管理文化，推动PMO的工作。

项目管理思路的具体体现就是项目化，“项目化”已成为行业中的热点词汇。在组织中，无论是后勤、财务、人力资源，还是生产、QC、销售，都可以用项目管理的思路进行工作推进，并能屡试不爽，究其原因，是项目管理已成体系，强调团队和工作计划性。项目化分类如图10-1所示。

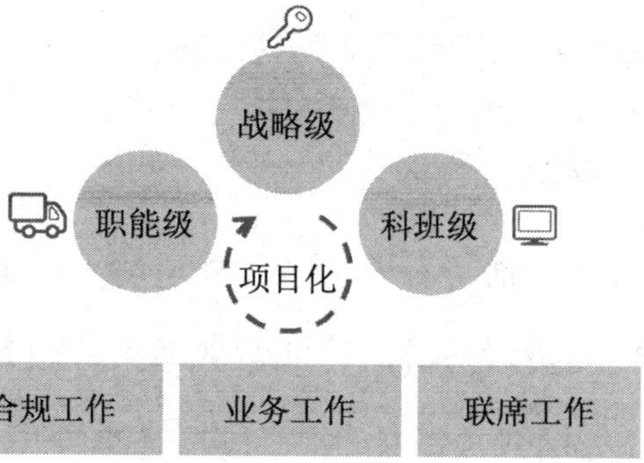

图10-1　项目化分类

项目化的实施，对组织有几个好处：一是让组织更为聚焦，围绕组织的战略和战术实施项目；二是让组织实施工作更有条理性和节奏感；三是有效地让组织的团队围绕一定的目标开展工作，形成黏性，有利团队培养；四是让管理层更好地把握组织动态。

对个人而言，项目化同样有几个好处：一是使得个人的重点工作清晰化，资源也能得到保障；二是对个人的职能发展提供了很好的业绩载体；三是通过项目对个人绩效更量化的考评；四是将个人和组织的命运更好地绑定在一起，形成集体荣誉感。项目化体系如图10-2所示。

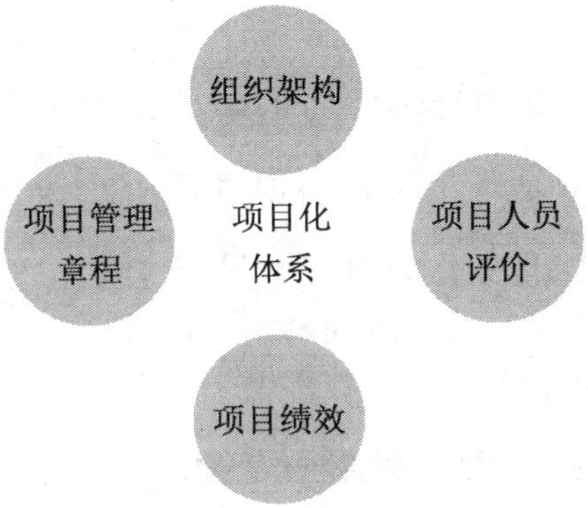

图10-2 项目化体系

项目化建设其实也有它的方法，可以从以下几个方面落地。

（1）形成以项目化为指导思想的组织架构，建立专职的项目管理架构并设置项目管理人员。

（2）建立一套项目化的管理制度，从项目规划、项目实施、项目考评到项目收尾全流程各阶段的管理制度。

（3）建立全方位的组织级项目管理人才评估体系。

（4）形成跨团队、全业务领域的项目后评价机制，从正面引导。

（5）全面推进项目化的组织文化，通过一系列的项目活动形成组织独有的项目化文化。

在这些工作中，其中人的建设是最为重要的，只有人的思维模式跟上了，认同了，实施项目化才能有很好的土壤，所以无论是自上而下还是自下而上，均是如此。

当然，虽然项目化对组织有帮助，但在组织庞大的体系面前项目化推行较难，先局部后全局的方法是很有效的，即对业务单位内部管理提升是一个好的方法和手段。

在组织内部，当部门经理面对的事务剧增、纷繁复杂的时候，采取项目化进行管理就是一个思路。很多部门经理会试图通过建立类似PMO的组织来进行工作管理，将工作进行遴选，对重点工作进行项目化管理。

但事实上组织机构的建立反而不是第一步要做的，第一步要做的是提升组织对项目化的认识及培养人才，如项目经理、项目专员。

做到以上两点，以后的项目化才会“长青”，否则急于求成，虽然可能会因此有所收获，但从长远讲，失去人的基础，终归不会大成。

具备一定的项目化文化后，项目化可以从四个维度建立：一是组织体系，二是过程管理，三是工具手段，四是人才培养。组织体系指的是上层设计，包括项目化的职能组织架构、领导组织、统筹组织、项目化指导思想等；过程管理指的是项目的过程管理，包括节点管理、变更及绩效评价等；工具手段包括信息化、项目管理工具的应用等；人才培养包括项目管理人员技能提升体系、人才考评晋升体系。

PMO专员应具备的知识

项目管理的能力模型可以简化为三个维度，即项目管理专业技能、产品知识和组织流程知识。

一个合格甚至优秀的项目管理人员，为了有效地完成一个项目，在组织里推进项目，不仅要掌握项目管理知识，还要掌握其他两个方面的知识：一是业务方面的知识，主要是项目领域的专业知识；二是组织内部的流程知识。第二点最容易被忽略，因为对于技术型的项目管理人员来说，更容易对组织内部的流程忽略，直到在项目进展过程中遇到问题才发现掌握流程知识的重要性。他们一般有两个反应：一是认为组织流程太复杂，需要绿色通道解决；二是快速地完成并实施，然后下次又碰壁。

组织内部的流程涉及面广，可以分为两类：一是项目流程，主要为项目自身的流程，包括从立项到项目结案的流程，主要集中在项目实施内部；二是项目辅助流程，主要集中在项目外围，涉及前段的需求管理流程、物资管理流程、客户关系管理流程等。

当我们提倡项目经理要学习以不断提升自我时，有一个观点是，要在实践中学习，这是我们经常谈到的一个学习方法，但这却常成为一个不学习的自我开脱的理由。实践中学习必须强调自我总结和反思提升，否则也就成为只忙于具体项目事务工作，这样的学习成长是很缓慢的。

每一次的项目经历都是一次宝贵的自我学习和成长的机会，不进行总结，单纯靠记忆积累是不会有长足进步的。

所以在项目的全生命周期管理过程中设置关卡评审，不仅要进行项目绩效评估、阶段目标审查，而且要进行项目阶段性总结，从项目的进度管理、风险管理、项目团队管理等方面进行总结，这个总结不仅是由项目经理发起，而且必须是团队一起参与，最终一起学习，遵循批评与自我批评的思路，总结的同时要能为下一阶段提出改进方法。

项目管理文化是PMO生存的土壤

在组织内实施项目化管理，并能让大家使用标准的项目管理语言、规范和思路去实现项目目标，我们常谈到的是如何提升组织项目管理成熟度的问题，成熟度高的组织自然能实现这一步目标，而项目管理文化应是促成这成熟度的土壤的养分。项目管理文化不是虚无缥缈的东西，也不是贴在墙上的标语和口号，它是渗透到团队、组织生态圈的一种习惯、一种约定俗成的东西、一种自然的做事的项目管理方法。

项目管理文化建设听起来比较空洞，如果仅靠挂几个口号、开几次会来推进，其实意义都不大，项目管理文化建设需要“随风潜入夜，润物细无声”的效果，要通过一系列实际的工作和行为来达到这个目的。

为了产生这样的文化，作为项目管理的倡导者和执行者有责任去引导形成这样一个文化，用大家乐于接受的方式，变成具体的工作去实施，然后使得整个团队、组织都有这个浓厚的项目管理文化，而不是采用说教式、规则式、条条框框和深奥的表达去影响环境，那样只会让环境慢慢背离我们的意愿。

可以从以下几个方面培养项目管理文化。

（1）常态化的项目管理专业技能培训，将项目管理专业知识作为组织内所有人员的“必修课”。

（2）建立一套组织内项目管理成熟度的评价体系并进行评比。

（3）强化项目管理组织过程资产的管理，纳入组织执行体系。

（4）引导敏捷团队共享思维，将项目管理知识分享常态化。

（5）创办项目管理组织自媒体。

（6）面向基层技术、管理人员，进行资质认证，推动参加行业资质认证，并将其作为一个职业必备条件。

（7）从正向推动、激励项目管理工具、项目管理方法论的使用活跃群体。

（8）从组织架构层面确定PMO的“影响”位置，并通过PMO成员从事业务工作逐步渗透到组织各个角落。

（9）在组织项目管理制度中，强化项目管理概念和专业术语的普及，使其成为日常交流的用语。

如果说项目管理成熟度、项目管理思维、项目管理水平代表一个团队的树干，那么项目管理文化就是土壤，需要肥沃的土壤来支持这个团队、组织的项目管理发展。当然这需要付出艰辛的努力，你需要像布道者一样虔诚，不断地争取有力的理解支持，但你会因为看见慢慢长出的小树苗而高兴，那也是一个热爱项目管理人需要的自我认可，足以支撑我们坚持下去。

我们常说的领导力是对人，一个团队中的人能成功地完成某件事情可能是偶然，但如果其他人也一样，那就不是偶然了，这其中需要团队文化，需要土壤。一个人的能力有限，需要得到团队领导的指导，需要在这个团队文化氛围下完成工作，才能真正地成功，因为在日常的工作有太多的细节，而上级的有效指导和团队文化可以渗透到每一个细节，使团队成员得到滋润和支持激情上进的人。这与我们所说的我们的成功必须依赖团队其实是同样的道理。我们考评一个人的能力、职业发展的时候，往往容易忽略了这些。

小型项目集信息化管理的基本布局

当组织内的项目数量达到一定数量级时，组织高层、职能单位及具体的项目管理人员已经无法快速地获取项目信息。假设每个项目的活动有20个，当项目数量为n，那么总活动数为$20n$，带来的是项目问题、项目产出、项目会议等成数量级增加。此时，从原始的表格记录管理方式向建立信息系统方式管理转化，就是一个组织的项目管理发展的必然趋势。

对于组织的项目数量还处于100以内的（此点仅供参考），从项目信息化的基本需求来看，项目管理系统（Project Management System，PMS）可以重点从以下几个方面进行落实，可满足一个小型项目集管理的需求，这也是行业PMS的通用需求，也是通用做法。

（1）网络联机功能。能实现与已有信息系统的数据交互，并具备一定的数据库存储及服务器运算功能。

（2）用户权限管理。针对组织内不同的相关方角色，可以设置灵活的角色权限，并能将项目信息分类推送，保证各方该知道的信息都能知道。

（3）项目管理功能。重点是实现项目跟踪，实现进度实时显示，对各单项目的进度、成本、质量、资源等进行状态实时显示，并能自动分析和统计；项目集管理，对同类项目组合进行综合管理，可以通过系统后台设置的逻辑自动产生综合分析图表；项目查询，这是最基本的功能，对项目的全属性进行查询。

（4）项目协作功能。重点是实现项目团队成员可以在系统上进行项目变更和项目状态更新，并能对特定范围发布特定信息。

随着组织的发展，在实现了基本的项目信息管理后，往后升级就是一些项目管理工具的集成，比如计划评审技术、网络图等，并能实现成本预算及控制，风险管理等。

项目管理事务工作信息化

项目管理无论是面向单项目还是项目集，都需要强大的信息系统来支持，不仅仅是提高管理效率，而且对项目质量一样有立竿见影的作用。当现代组织需要越来越多地面对更大难度、更快节奏的项目时，信息化尤其重要。

项目管理的复杂程度，简单来讲，就是随着项目数量的增加而增加，项目数量增加带来的项目过程节点数量增加、问题异常的增加、对组织过程资产管理幅度的增加、核心相关方对项目沟通信息量的增加等，尤其对PMO来说，如果无法有效地提供信息化支持，日常的管理就必须耗费大量的人力、物力，甚至达不到应有的效果。

为了有效地建立信息系统，需要明确以下几点：这些信息提供给谁使用？这些人需要什么信息？这些信息用来干什么（与项目的哪些节点相关）？需要什么时候提供信息？如何获取信息（信息从哪里来）？信息是直接获取还是需要经过整理、分析提供？获取这些信息的难点是什么？是人的难点还是流程的难点，抑或信息系统本身的难点？

在组织实际管理过程中，为了支持项目管理业务，会有较多的事务性工作，此类工作属于基础业务，必须完成，否则会影响项目运作。这些事务性工作往往在PMO专员当中并不会被重视，但却需要耗费大量时间和精力。所以，在识别PMO专员核心工作时，此类工作并不在列。

项目管理信息化不仅是对项目过程管控、项目资源、项目风险等进行管理，其实在日常中，也要对事务性工作进行管理。如果PMO专员或者项目推进人员耗费在此的时间已占据一半以上，那就必须立即进行推进优化，否则长时间陷入此类工作，自身能力得不到有效提升，价值无法体现，整个团队的稳定性和竞争力也会变差。

对事务性工作的信息化，主要分为几个步骤。首先需要识别该事务性工作信息化的必要性和可行性，对事务性工作要有清晰的清单，掌握其目前在工作中的影响、耗费的时间、目前的操作方法和工作频度等。要注意不是每个事务性工作都适合信息化，有些可能必须依赖比较原始的方式。

其次是分析信息化会带来的成效及基本逻辑方案，如果此类事务性工作重复性高，且占用的人力资源多，那就势在必行；但如果频率很低，且实施信息化难度大，组织反而要投入更多资源进行信息化建设，那就要评估好性价比。

最后将IT实施人员和项目管理人员确定专项推进团队，并按照项目的思路开展工作。

对事务性工作进行优化，除了信息化，还有流程优化和工作转移。而信息化工具解决是最优先的，但难点在于对项目事务性工作实施的可行性、实现的业务逻辑程序化，以及建立信息化工具的实用性和推进的所需的专业人力资源。

项目集信息化管理的误区

信息化与工业化融合永远是组织工作的重点，也是组织进行效率提升的一个主要路径，但很容易陷入半吊子工程，尤其是在组织内部涉及流程再造的时候。

软件提供方为了能实施更多的项目范围，增加项目预算，常倡导一次到位的思路，即对组织提出实施某软件全板块覆盖或者尽量覆盖所有业务领域的需求。而且这一做法并不会被组织质疑，反而组织也乐于接受，因为组织也希望快速通过信息化提升内部管理，最终的结果是某个信息化摊子自然会铺得很大。

一次吃饱，是信息化掉入的陷阱，最终需求好像滚雪球一样越滚越多，和初始的SOW已经相差十万八千里。由于需求增加，导致开发难度增加，落地更为困难，与组织原有流程冲突越来越多。甲方和乙方开始相互指责，一方说软件商拖延，不给力，为什么开发不了，测试老是不通过；另一方说公司乱提新需求，加钱也做不了。

以上为一个最常见的误区。信息化项目实际上是管理规则、流程的固化，而不是简单地购置或者开发软件，项目会倒逼组织进行流程再造，这样的流程再造甚至会伤筋动骨，因为原来组织内的各层级的流程会发生变更，势必会影响到原本已达到一种平衡的状态，甚至影响一些组织内相关方的利益，他们自然会站出来，提出质疑，甚至设置障碍，信息化推进也就会举步维艰。

那应该如何解决以上问题？

（1）80/20原则在这个时候一样有用，以点概面，先解决最容易产生效果的板块，提振士气，让大家能看到信息化带来的效益，然后快速进入其他板块。亚马逊做电商，先从卖书开始，然后掌握市场、技术、推广网络后再涉足其他领域就是一个例证。

（2）分析信息化项目的实施会给哪些人的工作带来影响，要选择各个层级的人全程参与到信息化项目的需求收集、测试当中，并对支持人员从各个维度给予激励。

（3）分析信息化实施会带来的流程变化，要先进行流程优化和适应，再进行项目推进。这就如同修路，先把道路用地搞定，再安置好周边的居民，然后开始修路。

项目管理场景小故事

外部软件供应商提出：这些业务相互关联，如果一起实施，会将组织的信息化提升一个层级。

高层： 这样很好啊！

全组织热火朝天地干起来了，到处开始信息化工作。

项目经理： 项目遇到瓶颈了，各业务板块涉及流程再造，涉及全组织所有单位，要往下走，必须先停下目前的工作，项目停滞了。

高层： 怎么会这样？

信息化项目不是简单的“拿来主义”，也不只是开发一个软件，而是与组织日常实实在在的流程体系、制度息息相关，一定要提前准备好“食材”，才能开始“炒菜”。

项目管理小贴士1：PMO专员从保姆变为参谋

PMO专员的发展从保姆到参谋是一个很好的路径，从一开始事无巨细地关注项目的资源问题、项目细节，到逐步成为项目团队的信任者后，就可以成为参谋，从项目共性问题、项目风险等宏观层面整体推进项目。

在不同的行业领域，PMO的生存环境不同，在IT、工程领域PMO

相对比较强势，在其他行业相对比较弱势，所以在PMO建立之初，PMO专员成为保姆就变得顺理成章，对项目的支持事无巨细，从资源协调、点对点的指导、项目会议的组织等，到成为得力的项目经理助理，成为项目团队的有机组成部分。PMO发展到一定阶段，就要成为参谋，重点在项目方向指引、风险问题识别，以及作为项目发起人的桥梁等方面起到作用，逐步从具体事务性工作变成工作指引和参谋。

项目管理小贴士2：PMO对项目绩效如何评价

一谈到项目绩效，我们自然会想到时间、质量和成本，这是对项目绩效评价的直接评价，很重要但不全面，可以称之为硬性评价。还有就是软性评价，可以从以下几个方面开展：组织过程资产效应，重点考评知识管理要求，项目过程经验有无总结、有无传承；团队管理效应，是否对成员有过程指导培训，成员是否得到了技能提升，在与外部单位合作过程中，是否建立了良好的合作关系，是否提升了团队凝聚力；制度效应，过程对组织项目管理制度的执行情况，对流程的遵守情况。